DURCH STARTEN LERNTIPPS

IN 5 SCHRITTEN ZUM SCHULERFOLG AB DEM 5. LERNJAHR

Klaus Kopinitsch

Bibliografische Information Der Deutschen Bibliothek
Die Deutsche Bibliothek verzeichnet diese Publikation in der Deutschen Nationalbibliografie; detaillierte bibliografische Daten sind im Internet über http://dnb.ddb.de abrufbar.

1. Auflage 2007

Illustrationen: Helmut »Dino« Breneis
Satz: Anton Froschauer
Herstellung: Ingrid Zuckerstätter
Lektorat: Michaela Tröbinger
Druck und Bindung: LVDM Landesverlag-Denkmayr, Linz
Gedruckt in Österreich auf umweltfreundlich hergestelltem Papier

ISBN: 978-3-7058-7562-3

Inhaltsverzeichnis

WESWEGEN DIESES BUCH?

Liebe SchülerInnen! Sehr geehrte SchülerInnen-Eltern!

Dieses Buch richtet sich an euch, aber auch an eure Eltern. Mit den vorliegenden **Durchstarten-Lerntipps** könnt ihr euren Schulerfolg beträchtlich steigern, eure Eltern sind herzlich eingeladen mitzuschmökern. In speziellen **TIPP für ELTERN-Fenstern** erhalten sie extra konkrete Ratschläge, wie sie euch unterstützen können. Ehe es losgeht, noch ein paar Überlegungen:

Weit über **100 Millionen Euro** werden jährlich von SchülerInnen-Eltern für **Nachhilfe** ausgegeben. In der AHS-Unterstufe erhält fast die Hälfte aller SchülerInnen regelmäßigen Nachhilfeunterricht.

Dieses „Nachhelfen“ ist offensichtlich notwendig, weil SchülerInnen zunehmend in **Lernschwierigkeiten** stecken. Entweder sie haben bereits **Wissenslücken** oder sie brauchen eine regelmäßige **Lernbetreuung**, damit diese Wissenslücken erst gar nicht entstehen.

Sehr oft liegen die Gründe für notwendig gewordene Lern- oder Nachhilfe nicht im fachlichen Bereich, sondern sind zu suchen im **mangelhaften Lernmanagement** des Schülers oder der Schülerin. Diese haben nicht gelernt, sich lerntechnisch zu organisieren, sich die Lern- und Freizeit nach der Schule „gerecht“ einzuteilen, und schlittern daher in mehr oder weniger massive Lernschwierigkeiten.

Das vorliegende Buch setzt daher beim Lernmanagement an und erklärt in **5 Schritten zum Schulerfolg**, wie man **mit richtigen Lernstrategien** nicht nur erfolgreicher, sondern auch effizienter lernt.

Eine **straffe, ergebnisorientierte Lernorganisation** bringt mehr Freizeit, keine Nachhilfe und trotzdem bessere Schulnoten. Sie **reduziert** den **Schulstress**, **nimmt Konfliktherde** aus dem Familienleben und trägt dazu bei, dass die Schulzeit für SchülerInnen und deren Eltern nicht als Belastung empfunden wird.

Sehr geehrte Eltern, gehen Sie und Ihr Kind einige dieser im Buch empfohlenen Schritte. Es ist sicher nicht notwendig, alle Tipps umzusetzen; **bedienen Sie sich der für Ihr Kind brauchbarsten Tipps!** Ihr Kind wird durchstarten zu besseren Noten!

1. SCHRITT: LERNTYPENGERECHT LERNEN

Anhand von Lerntypentests erfährst du, mit welchen Wahrnehmungskanälen du leichter Lernstoff aufnimmst. Die Kenntnis darüber ist wichtig, damit du entsprechend deinen Fähigkeiten wirkungsvolle Strategien zum „richtigen Lernen" entwickeln kannst.

Du nimmst deine Umgebung über fünf Sinne wahr:

1. sehend (visuell)

2. hörend (auditiv)

3. fühlend (kinästhetisch)

4. riechend (olfaktorisch)

5. schmeckend (gustatorisch)

Auch beim Lernen sind diese Sinne beteiligt, insbesondere musst du dafür deine sehenden, hörenden und fühlenden Fähigkeiten einsetzen.

Du hast nun die Möglichkeit, deinen Lerntyp mit Hilfe von Lerntypentests festzustellen. Für Test A brauchst du jemanden, der dir beim Testen hilft. Bei Test B füllst du ganz allein einen Fragebogen aus, dessen Auswertung dir deinen Lerntyp verrät. Es reicht, wenn du einen der beiden Tests machst, spannend ist aber sicher auch, beide zu probieren.

TEST A: Lerntypentest mittels Testperson

TESTVORBEREITUNG

Finde eine Person, die dich testet = TESTER (Freundin, Freund, Mutter, Vater ...)

Diese TESTPERSON muss nun Folgendes vorbereiten:

- 10 Gegenstände (zum Sehen), die er/sie versteckt bereithält (zB in Sack 1).
- 10 DIN-A4-Blätter, auf die er/sie jeweils einen Begriff (zum Lesen) groß und deutlich schreibt.
- 10 weitere Begriffe (zum Hören), die er/sie auf einem Zettel versteckt notiert.
- 10 Gegenstände (zum Betasten), die er/sie versteckt bereithält (zB in Sack 2). Diese Gegenstände müssen durch Betasten sofort erkennbar sein. Gegenstände und Begriffe dürfen sich dabei nicht wiederholen.

TESTABLAUF

BETRACHTEN (visuell)

Schritt 1:
Die TESTPERSON zeigt dir aus Sack 1 die zehn Gegenstände im Abstand von 2 (!) Sekunden. Wichtig: Der gezeigte Gegenstand verschwindet wieder, ehe der nächste Gegenstand gezeigt wird.

Schritt 2:
30-Sekunden-Ablenkung: Die TESTPERSON stellt dir einfache Rechenaufgaben (plus, minus, mal) mit Zahlen von 1 bis 10 (zB 8 plus 5, 9 minus 7, 3 mal 6 ...).

Schritt 3:
Nun musst du die im Gedächtnis behaltenen Gegenstände aufzählen. Dafür hast du 60 Sekunden Zeit. Die TESTPERSON schreibt die von dir genannten Begriffe in die TESTTABELLE auf Seite 7.

LESEN (visuell)

Schritt 1:
Die TESTPERSON zeigt dir nacheinander die DIN-A4-Blätter mit den Begriffen. Jeder Begriff bleibt 2 Sekunden sichtbar für dich.
Schritte 2 und 3: wie oben

1. SCHRITT: LERNTYPENGERECHT LERNEN

HÖREN (auditiv)

Schritt 1:
Die TESTPERSON liest dir im Abstand von 2 Sekunden die 10 Begriffe vom Zettel vor.
Schritte 2 und 3: wie oben

FÜHLEN (kinästhetisch)

Schritt 1:
Die TESTPERSON verbindet dir die Augen und reicht dir nacheinander die Gegenstände aus Sack 2 zum Betasten. Du zeigst ihm/ihr durch Nicken, dass du den Gegenstand erfühlt hast. Erst danach darf dir die TESTPERSON den nächsten Gegenstand reichen. Dafür darfst du auch mehr als 2 Sekunden brauchen.
Schritte 2 und 3: wie oben

	TESTTABELLE			
	BETRACHTEN	LESEN	HÖREN	FÜHLEN
1				
2				
3				
4				
5				
6				
7				
8				
9				
10				

Du erkennst nun, mit welchen deiner Wahrnehmungskanäle du Dinge besser behalten kannst. Hast du zB im auditiven Bereich besonders gute Ergebnisse erzielt, heißt das, dass du dir sehr gut merken kannst, was dein Lehrer erzählt. Wenn du aber besonders gute visuelle Fähigkeiten hast, wirst du dich leichter an Tafelbilder, Folien, Skizzen etc. erinnern.

Unsere Empfehlung lautet: Stärke deine Stärken!
Lern daher bevorzugt in jenen Wahrnehmungskanälen, wo du dir Lernstoff besser merkst. Aber: Trainiere auch deine schwächeren Kanäle – Lernen mit allen Sinnen ist optimal.

Ab Seite 11 beginnt das „Durchstarten-Lerntypen-Trainingslager!

TEST B: Lerntypentest mittels Fragebogen

Bei diesem Lerntypentest handelt es sich um einen Fragebogen, bei dem du dich selbst einschätzt.

Mach überall dort, wo eine Aussage auf dich zutrifft, ein ✔. Wenn du die Fragen beantwortet hast, schau auf Seite 10 nach, dort findest du die Auflösung.

✔	Nr.	Aussage
☐	1	Wenn ich schreibe, spreche ich alles innerlich mit.
☐	2	Ich habe eine regelmäßige Schrift.
☐	3	Wenn ich zu Hause lerne, gehe ich dabei im Zimmer auf und ab.
☐	4	Zu Hause lerne ich laut.
☐	5	Ich habe oft etwas in der Hand, mit dem ich herumspiele, oder ich klopfe auf den Tisch.
☐	6	Wenn ich mit jemandem spreche, greife ich ihn gern an.
☐	7	Ich bin ziemlich sportlich.
☐	8	Mir ist es wichtig, schön angezogen zu sein.
☐	9	Ich spitze meine Bleistifte regelmäßig.
☐	10	Ich schubse gern andere Kinder.
☐	11	Wenn LehrerInnen nur reden, ohne Tafelbild oder Folie, verstehe ich sie schlecht.
☐	12	Ich habe immer Farbstifte oder Textmarker mit.
☐	13	Ich erinnere mich an die Haarfarbe anderer Personen.
☐	14	Meistens rutsche ich auf dem Sessel hin und her.
☐	15	Wenn ich das Gefühl habe, dass mich ein Lehrer/eine Lehrerin nicht mag, mag ich diesen Gegenstand nicht.
☐	16	Farbstifte verwende ich nur, wenn ich unbedingt muss.
☐	17	Ich drücke beim Schreiben mit dem Bleistift fest auf.
☐	18	Wenn ich Vokabeln lerne, merke ich mir, an welcher Stelle im Heft sie stehen.
☐	19	Manche Geräusche können mich sehr nerven.

- ❑ 20 Während des Unterrichts fällt es mir schwer, ruhig zu sitzen.
- ❑ 21 Wenn ich nicht weiß, wie man ein Wort schreibt, sage ich es mir laut vor.
- ❑ 22 Wenn ich mich an etwas erinnere, sehe ich „Bilder".
- ❑ 23 Ich unterstreiche gerne Wörter.
- ❑ 24 Eigentlich gehe ich selten langsam, meistens laufe ich.
- ❑ 25 Ich kann gut die Stimmen oder den Tonfall anderer Leute nachmachen.
- ❑ 26 Meine Schrift ist unregelmäßig.
- ❑ 27 Ich weiß, wie meine LehrerInnen gekleidet sind.
- ❑ 28 LehrerInnen, die mit einer bestimmten Stimme sprechen, mag ich nicht.
- ❑ 29 Wenn ich bei einem Vortrag mitschreiben muss, kann ich mich schlechter konzentrieren.
- ❑ 30 Wenn LehrerInnen etwas erzählen, mag ich das gern.

(Fragebogen und Test nach Brigitte Jug)

AUFLÖSUNG

Trag nun die ✔, die du im Fragebogen gesetzt hast, in der Tabelle bei der entsprechenden Nr. ein.

VISUELL	AUDITIV	KINÄSTHETISCH
Nr. 2	Nr. 1	Nr. 3
Nr. 8	Nr. 4	Nr. 5
Nr. 9	Nr. 16	Nr. 6
Nr. 11	Nr. 19	Nr. 7
Nr. 12	Nr. 21	Nr. 10
Nr. 13	Nr. 25	Nr. 14
Nr. 18	Nr. 26	Nr. 15
Nr. 22	Nr. 28	Nr. 17
Nr. 23	Nr. 29	Nr. 20
Nr. 27	Nr. 30	Nr. 24

Wie sind deine ✔ verteilt?

- Hast du in allen 3 Wahrnehmungskanälen in etwa gleich viele ✔? Gratuliere, du lernst schon mit allen Sinnen!

- Hast du einen eindeutigen Wahrnehmungskanal-Favoriten?
  Dann lautet unsere Empfehlung: **Stärke deine Stärken!**
  Lern also bevorzugt in jenen Wahrnehmungskanälen, wo du dir Lernstoff besser merkst.
  Aber: Trainiere auch deine schwächeren Kanäle – Lernen mit allen Sinnen ist optimal.

Ab Seite 11 beginnt das „Durchstarten-Lerntypen-Trainingslager"!

Training der visuellen Fähigkeiten

Geh mit „offenen Augen" durch die Welt!

Schau dir deine Umwelt bewusst an, zB: Welche Formen haben die Fenster des Hauses, an dem du vorbeigehst, genau?

Wie viele verschiedene Arten von Grün hat der Baum, den du siehst?

Wie viele Meter ungefähr ist der Bursche, der dir entgegenkommt, entfernt?

Mach immer wieder „visuelle Suchspiele", die du in Zeitungen finden kannst.

Schau dir in der Pause eine Mitschülerin genau an, schließ dann die Augen und beantworte dir folgende Fragen:

- Welche Haarfarbe hat sie?
- Wie schaut ihre Frisur aus?
- Trägt sie eine Brille?
- Trägt sie Schmuck?
- Was genau hat sie an?
- Welche Farbe haben ihre Schuhe?
- Trägt sie eine Uhr?

Kauf dir Textmarker und neue Farbstifte und verwende sie.

Schreib in einer Unterrichtsstunde pro Tag bewusst schön mit.

Mach geometrische Übungen, zB Muster mit dem Zirkel, die du dann bunt anmalst.

Lerntipps für visuelle Lerntypen

LERNSTOFF OPTISCH GLIEDERN

1. Unterstreich die wichtigen Wörter in einem Text mit unterschiedlichen Farben. Gleiches immer gleich markieren.

Was ist ein Märchen?

Schon bei den Ägyptern, den Indern, den Griechen, in der Bibel und bei anderen Völkern wurden Märchen erzählt. Ursprünglich waren sie für Erwachsene bestimmt. Märchen erzählen von Freude und Zufriedenheit, von großen Plänen und unerfüllten Wünschen, von Ängsten und Sorgen. Sie kritisieren aber auch die herrschenden Zustände der damaligen Zeit; die Herrschsucht der Könige, die Armut, die Not der Menschen.

Es gab damals wenige Menschen, die über Geld, Macht und Besitz verfügten. Die Mehrheit allerdings hatte kaum Hoffnung auf ein unbeschwertes Leben in Glanz und Seide. Ihre Wirklichkeit war traurig und grau. Wie schön war im Vergleich dazu die bunte Welt der Märchen. Dort heiraten Prinzen arme Mädchen und Vater König und Mutter Königin sind begeistert. Muntere Burschen, die nichts besitzen als Nadel, Faden, Schere und gute Ideen, erben ein halbes Königreich. Und die Königstocher hat nur auf sie gewartet. Andererseits sind in vielen Märchen Kinder besonders arm. In frühen Zeiten gab es fast in jeder Familie eine große Kinderschar und die Eltern wussten nicht, wie sie ihre Kinder ernähren und bekleiden sollten.

Zunächst wurden die Märchen mündlich überliefert. Die Menschen erzählten sich die Geschichten weiter – in den Spinnstuben, in den Lagern der Soldaten oder auf den Schiffen. ...

(Aus: Durchstarten Deutsch für die 5. Schulstufe, VERITAS, 2005, Seite 157)

2. Schreib die Kerninformationen auf eine extra Seite:

Kerninformation zu
„Was ist ein Märchen?"

* Märchen schon bei Ägyptern, Indern, Griechen, in der Bibel.
* Erzählen von Freude, Zufriedenheit, Plänen, Wünschen, Ängsten, Sorgen.
* Kritisieren Herrschsucht der Könige, Armut, Not.
* Wirklichkeit der Menschen war traurig + grau.
* Flucht in die Welt der Märchen: Prinzen heiraten arme Mädchen, Königstochter heiratet arme Burschen → Vater König + Mutter Königin sind begeistert. Kinder in Märchen besonders arm...
* Märchen zunachst mündlich überliefert.

3. Unterteil deinen Lernstoff in deutlich unterscheidbare Abschnitte, zB:

Abschnitt 1: Ursprung der Märchen

Abschnitt 2: Wovon Märchen erzählen

Abschnitt 3: Flucht aus der Wirklichkeit

Abschnitt 4: Überlieferung der Märchen

KIM-SPIELE

Das sind Spiele, bei denen an einer gegebenen Situation etwas verändert wird. Lass dir zB von deiner Mutter, einem Freund/einer Freundin eine bestimmte Anzahl von Gegenständen zusammenstellen. Diese schaust du dir genau an und versuchst sie dir zu merken. Während du wegschaust, wird die Zusammenstellung der Gegenstände verändert, zB indem ein Gegenstand gegen einen anderen ausgetauscht wird oder ein weiterer Gegenstand hinzugefügt wird. Danach musst du versuchen, die Veränderung herauszufinden.

TIPP für ELTERN

Spielen Sie Kim-Spiele mit Ihrem Kind, das fördert sehr die Merk- und Konzentrationsfähigkeit. Spaß macht es obendrein!
Sie könnten auch ein Memory-Spiel kaufen, es erfüllt denselben Zweck.

MIND MAP-METHODE/CLUSTER-METHODE

Eine von zahlreichen Visualisierungstechniken, mit der du dir einen tollen Überblick zu einem Thema erarbeiten kannst. Geh folgendermaßen vor:

1. Schreib das Thema in die Mitte eines unlinierten DIN-A4-Blattes; nimm Querformat.
2. Von der Mitte ausgehend zeichnest du für jeden Hauptpunkt einen eigenen „Ast“. Unterpunkte sind Seitenäste zum Hauptast.
3. Verwende Schlüsselwörter/Stichwörter zur Bezeichnung.
4. Veranschauliche deine Grafik zusätzlich durch Pfeile, Symbole und Farben.
5. „Fotografiere“ deine fertige Grafik mit deinen Augen und speichere dieses Bild in deinem Gedächtnis.

Hier ein Beispiel zum Thema „Present Tense“:

LERNKARTEI

Das Lernen mit einer Lernkartei hilft dir, einen Überblick zu bekommen: über das, was du noch lernen musst, und über das, was du schon kannst. Die Beschriftung der Karteikarten mit Worten, Symbolen, Zeichnungen usw. spricht viele deiner Wahrnehmungskanäle an, vor allem sind deine visuellen Fähigkeiten gefordert. Näheres dazu findest du ab Seite 53.

LERNPOSTER

Gestalte zu einem schwierigen Stoffgebiet ein Übersichtsplakat. Häng es an einer für dich gut sichtbaren Stelle in der Umgebung deines Arbeitsplatzes auf.

TIPP: Die Innenseite der WC-Tür ist auch ein verdammt guter Platz für so ein Poster!

TIPP für ELTERN

Seien Sie großzügig bezüglich der „richtigen" Platzierung des Lernposters aus der Sicht Ihres Sohnes/Ihrer Tochter. Es hängt ja nicht für immer an diesem Platz!

Mathe-Lerntipps für visuelle Lerntypen

- **Mit farbigen Textmarkern die Zahlen und zugehörigen Begriffe des Angabetextes sowie die Frage markieren**
- **Sachverhalt bildlich vorstellen**
- **Skizze anfertigen**

TIPP für ELTERN

Unterstützen Sie Ihr Kind bei der Verbildlichung. Aufgrund Ihrer Erfahrung werden Sie auch Beispiele aus dem Lebensalltag finden (Einkauf etc.), die Ihrem Kind die Präsenz der Mathematik im täglichen Leben „vor Augen führen".

So könnte man zB einen Angabetext markieren und sich den Sachverhalt bildlich vorstellen: Enzo teilt seine Geburtstagstorte in 6 gleich große Teile. 2 von diesen Teilen nimmt er in die Schule mit. Welchen Bruchteil der Torte nimmt er mit?

Deutsch-Lerntipps für visuelle Lerntypen

Bei schwierigen Wörtern: Augen schließen, Wortbild vorstellen

Viel lesen, um möglichst viele Wortbilder in den persönlichen Wortbildspeicher zu bekommen

TIPP für ELTERN

Sie haben oder hatten doch sicherlich auch „Lieblingsfehler-Wörter"!? Fertigen Sie mit Ihren Wörtern auch ein Poster an. Wer macht das tollere Poster?

A3-Poster mit den „Lieblingsfehler-Wörtern" an einem oft einsehbaren Platz aufhängen

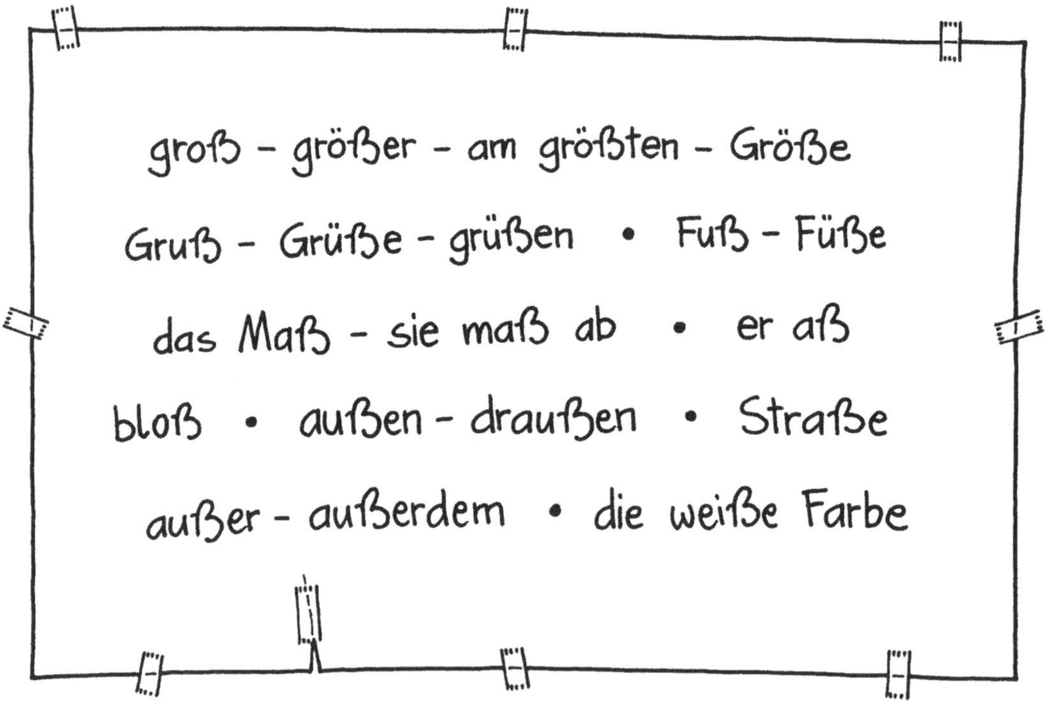

Englisch-Lerntipps für visuelle Lerntypen

Lernkartei anlegen: Vorderseite mit englischem Wort, Rückseite mit deutscher Bedeutung

Scrabble auf Englisch spielen oder Vokabel-Memory

Wortbedeutungen mit Bildern verknüpfen

TIPP für ELTERN

Scrabble oder Memory braucht Sie als SpielpartnerIn. Scheuen Sie sich nicht vor der Fremdsprache.
Tauschen Sie die Rollen: Schlüpfen Sie in die Rolle des Schülers/der Schülerin und lassen Sie sich die Vokabeln usw. von Ihrem Kind erklären.

Training der auditiven Fähigkeiten

Geh mit „offenen Ohren" durch die Welt!

- Hör in deine Umwelt bewusst hinein: Was Leute, die im Bus hinter dir sitzen, miteinander reden.
- Stell dich neben eine Gruppe von MitschülerInnen, mach die Augen zu und errate, wer gerade spricht.
- Versuch am Klang eines Motors zu erkennen, ob es sich um ein Moped, ein Motorrad oder ein Auto handelt.
- Versuch bewusst einzelne Geräusche wahrzunehmen, zB bei einem Popsong einzelne Musikinstrumente herauszuhören.
- Hör auf den Rhythmus einer Melodie und klopf ihn nach.
- Setz dich in dein Zimmer und such dir ein Geräusch von draußen aus: Errate, um welches Geräusch es sich handelt.
- Geh am frühen Morgen oder am Abend über eine Wiese und lausch dem Morgen- oder Schlafgesang der Tiere.
- Mach für dich selbst die Stimme eines Mitschülers und einer Lehrerin ganz genau nach.
- Such dir irgendein Geräusch aus, das du hörst: Hol es dir näher her, bis knapp an dein Ohr, schieb es dann weit weg; stell dir vor, dass in deinen Ohren Watte ist, und hör es durch die Watte.
- Gegenseitiges Vorlesen und Erzählen
  Zu zweit gibt es verschiedene Möglichkeiten, wie du deine auditiven Fähigkeiten trainieren kannst. ZB liest dir dein Freund/deine Freundin einen Nachrichtentext vor, den du anschließend mit deinen eigenen Worten wiederzugeben versuchst.

Lerntipps für auditive Lerntypen

LERNEN MIT „EIGENPRODUKTIONEN“

- Auf Kassettenrecorder/CD-Player/MP3-Player aufgesprochene Texte, Fakten oder auch Einzelinformationen wie zB Vokabeln oder Formeln kannst du über das wiederholte Abhören lernen.
- Vor allem für den Englischunterricht ist das Lernen mit diesen Aufnahmegeräten gut geeignet. Du kannst deine Aussprache verbessern und Sprachhemmungen abbauen, indem du mit einem Freund/einer Freundin Texte liest oder auch frei sprichst und dies aufnimmst.
- Sag dir selbst Diktate an, indem du den Text auf ein Speichermedium aufnimmst.

TIPP für ELTERN

Auch Sie könnten ein Speicher- und Wiedergabemedium für Ihren Sohn/Ihre Tochter sein. Das Abfragen von Texten und Lernstoff zeigt Ihrem Sohn/Ihrer Tochter, wie gut er/sie es schon beherrscht.

LERNEN MIT „FREMDPRODUKTIONEN"

Kauf dir eine CD, auf denen *native speaker* Texte aufgesprochen haben. Das Hören solcher Aufnahmen fördert dein Sprachgefühl und deine Aussprache. Auch Hörbücher oder von tollen Schauspielern gelesene Texte fördern deine eigene Sprach- und Sprechkompetenz.

Am besten lernst du zB Englisch durch einen längeren Auslandsaufenthalt.
Tipp: englischsprachige Radiosender hören (in Österreich FM4)

Das Hören und Sehen von Filmen in der Originalsprache verbessert dein Sprachverständnis.

TIPP für ELTERN

Fördern Sie die Kontaktaufnahme Ihres Kindes mit der Fremdsprache. Sie können selbst (ein bisschen) Englisch? Gut, vereinbaren Sie beim gemeinsamen Abendessen, dass 10 Minuten nur Englisch gesprochen wird.

MITSPRECHEN

Wenn du Hausübungen machst, sprich laut mit.

GEGENSEITIGES VORLESEN UND ERZÄHLEN

Du kannst mit deinem Freund/deiner Freundin den Lernstoff durch gegenseitiges Befragen wiederholen.
Variante: Stell dir eine Gesprächspartnerin/einen Gesprächspartner vor und besprich mit ihr/ihm deinen Lernstoff.

GEHÖRTES DURCH BILDER UNTERSTÜTZEN

Versuch dir Gehörtes vor deinem inneren Auge mit Bildern vorzustellen.
Variante: Notiere dir wichtige Inhalte in Form von kleinen Skizzen und Bildern.

MIT MUSIK LERNEN

Musik kann deine Kreativität beim Lernen fördern. Allerdings sollte es Musik sein, die eine beruhigende Wirkung auf dich hat und dich nicht ablenkt.

Mathe-Lerntipps für auditive Lerntypen

Formeln rhythmisch umsetzen

Laut rechnen

Sich an ähnliche Aufgaben erinnern und einen gedachten Dialog mit dem Lehrer führen, um der Lösung näherzukommen

TIPP für ELTERN

Lassen Sie sich von Ihrem Kind das Beispiel erklären und rechnen Sie anschließend selbst ein neues Beispiel.
Um die Wette rechnen ist auch lustig und kommt dem Wettkampfhunger vieler Kinder entgegen. Schnell, aber vor allem richtig soll es sein!

Deutsch-Lerntipps für auditive Lerntypen

- **Laut lesen**
- **Schwierige Wörter vorwärts und rückwärts buchstabieren**
- **Beim Lesen/Lernen im Hintergrund Musik laufen lassen**

TIPP für ELTERN

Achten Sie darauf, dass die Musik tatsächlich im Hintergrund läuft und Ihr Kind den Lernplatz nicht zur Disko umfunktioniert.
Außerdem sollte kein Radiosender laufen, weil das Radioprogramm zu viel Unruhe erzeugt.
Aber Musik von CD/MP3-Player/PC ist ok.

Englisch-Lerntipps für auditive Lerntypen

Nebenbei hören – unbewusst lernen

Nimm dir Schulbuchtexte auf und höre sie mit deinem MP3-Player nebenbei beim Busfahren, Joggen etc.

Mit der Stimme Stimmung erzeugen

Sätze/Wörter/Buchstaben hoch oder tief, schnell oder langsam sprechen.

Sprich eine Kauderwelsch-Geschichte

Misch die zu lernenden englischen Vokabeln mit deutschen Wörtern zu einer Fantasiegeschichte.

TIPP für ELTERN

Das Abfragen und Aufschreiben lassen von Vokabeln – unbedingt Deutsch → Englisch und Englisch → Deutsch – gibt Ihrem Kind mehr Sicherheit in Aussprache und Schreibweise.

Training der kinästhetischen Fähigkeiten

Erfühle deine Welt – taste, schmecke, rieche und spüre Stimmungen!

Taste mit geschlossenen Augen um dich und errate, was es ist, das du spürst.

Nimm bewusst den Geruch deines Essens wahr und erinnere dich eine halbe Stunde später noch daran.

Iss gaaanz gaaanz langsam ein Stückchen Schokolade und beschreibe, was genau du schmeckst.

Versetz dich in eine Freundin oder einen Freund hinein und sei eine halbe Stunde lang so wie sie oder wie er.

Geh herum und leg in dein Gehen nacheinander verschiedene Gefühle hinein: Geh lustig, glücklich, traurig, zornig.

Lauf fünf Minuten lang, spring Seil, spiel mit einem Ball oder Ähnliches, sitz anschließend fünf Minuten lang ganz ruhig, ohne dich zu bewegen.

Lerntipps für kinästhetische Lerntypen

BEWEGUNG

Wenn du lernen musst, dann geh spazieren, schreibe, skizziere – bleib in Bewegung.

BLEISTIFT, GUMMIBALL & CO

Spiel ruhig mit deinem Bleistift oder besorg dir einen Gummiball zum Kneten. Auch das Kaugummikauen kann dir beim Leichter-Lernen helfen. Als Sitzgelegenheit könntest du statt des Sessels einen großen Gymnastikball verwenden und dich beim Lernen auch mal bäuchlings drüberlegen und „dahinrollen" – herrlich!

LERNPOSTER

Selbst gebastelte „Lernplakate“ (wenig Text, große Schrift) unterstützen dich beim Lernen.

COMPUTER

Wenn du einen Computer besitzt, dann tipp doch den Lernstoff ab.

LERNPLATZGESTALTUNG

Versuche deine Lernumgebung so zu gestalten, dass du dich richtig wohlfühlst.

Mathe-Lerntipps für kinästhetische Lerntypen

TIPP für ELTERN

Schauspielern Sie mit, wenn Ihre Rolle gefragt ist. Bauen Sie mit, wenn Ihre Baukünste erbeten sind.
Unterstützen Sie Ihr Kind, die Mathematik durch aktives Tun und Handeln zu „begreifen".

Mit den Fingern zählen

Fragestellungen und Lösungen schauspielerisch darstellen

„Eselsbrücken" bilden

Ein Beispiel aus der Mathematik:
Eine kleine Eselsbrücke hilft bei der Unterscheidung der Begriffe „Komplementärwinkel" und „Supplementärwinkel": *Am Hofe des Königs Mathematikus I machten die Herren den Damen stets KOMPLIMENTE über ihre Schönheit und beugten gleichzeitig ihren Oberkörper im rechten Winkel nach vorne.* Da Komplementärwinkel einander auf 90° ergänzen, also einen rechten Winkel bilden, kann diese Vorstellung eine nützliche „Eselsbrücke" sein.

Aufgaben mit Gegenständen aufbauen

Wie viele Prismen findest du in dieser Figur?

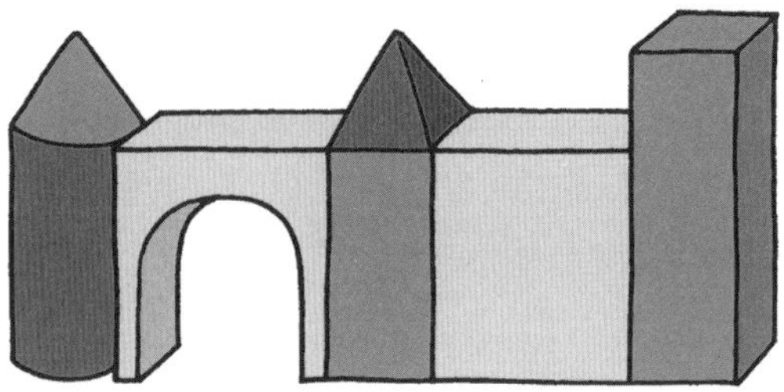

Deutsch-Lerntipps für kinästhetische Lerntypen

- **Mit der Tastatur schreiben**
- **Ideen auf Haftzettel (post-it-Zettel) schreiben und die Reihenfolge gezielt variieren**
- **In die Luft schreiben oder jemandem auf Arme oder Rücken schreiben**

TIPP für ELTERN

Wie wär´s mit einem kleinen Luftschreib-Wettbewerb beim Sonntagsfrühstück? Einer/Eine schreibt, die anderen müssen das in die Luft geschriebene Wort erraten. Wer es als Erster/Erste errät, bekommt einen Punkt.
Zusätzliche Vereinbarungen könnten sein: maximale Wortlänge, nur Zeitwörter, nur s-Wörter usw.

Englisch-Lerntipps für kinästhetische Lerntypen

- **Rollenspiele durchführen**
- **Vokabeln durch Schauspielerei ausdrücken**
- **Stell dich vor einen Spiegel, wenn du Texte liest, und übe dadurch deine Gestik und Mimik**

TIPP für ELTERN

Mitspielen und Anteil nehmen am Spracherwerb Ihres Kindes – damit tun Sie bereits Gutes.
Steigerung: Ihr Kind hat einen englischsprachigen Lieblingssong? Studieren Sie passend zum Text mit ihm eine Tanznummer ein. Kann auch eine Solotanznummer sein!

Zeit- und Lernplaner

Der Planer hilft dir, deine (Frei-)Zeit besser zu nutzen. Er enthält:

Termine: Unterricht, Verabredungen, Freizeitaktivitäten ...

Aufgaben: Lernzeiten, Zeiten für Hausübungen, Einkaufen, Rasen mähen ...

Kommunikation: Menschen, mit denen du kommunizieren möchtest per SMS, Telefon, E-Mail ...

Hausübungen: aktuelle Hausübungen des Tages

Prüfungen: geplante Lernzeiten, Lernstoff

Zusätzliches Lernen: „Problemfächer"

HIER EIN PAAR TIPPS ZUR RICHTIGEN HANDHABUNG DES TAGESPLANERS:

1. Termine

Hier trägst du fixe Termine für den jeweiligen Tag ein, zB Unterricht, Verabredungen, Freizeitaktivitäten.

2. Aufgaben

Hier schreibst du alles auf, was an diesem Tag erledigt werden muss oder erledigt werden könnte, zB Lernzeiten, Einkaufen, Rasen mähen.
Diesen Aufgaben gibst du eine „Wichtigkeits-Stufe" von A bis C und eine geschätzte Zeit der Ausführung: A heißt unbedingt erledigen. Mit einem Pfeil kannst du den A-Aufgaben Zeiten in der Terminspalte zuweisen, in denen du sie erledigen möchtest. Bleibt noch Zeit für die B- und C-Aufgaben, kannst du sie ebenfalls einem Termin zuordnen.

3. Kommunikation

Hier trägst du die Namen der Menschen ein, mit denen du an diesem Tag kommunizieren möchtest.

SEMESTER- UND JAHRESPLANER

Kopiere dir die Pläne von Seite 37 bis 39 und platziere sie gut sichtbar an deinem Arbeitsplatz. Trage in die Pläne alle deine wichtigen schulischen und privaten Termine ein.

4. Motto des Tages

Wenn du den Tag unter ein bestimmtes Motto stellen möchtest, zB zwecks Motivation, dann kannst du das hier tun.

5. Hausübungen

Hier trägst du die aktuellen Hausübungen des Tages ein. Du ordnest ihnen wieder die Wichtigkeitsstufen A bis C und die dafür geplante Zeit zu. Nach Erledigung einer Hausübung trägst du die tatsächliche Zeit zur Kontrolle ein.
Noch zu erledigende B- und C-Aufgaben müssen übertragen werden in den Lernplan des nächsten Tages.

6. Prüfungen

Sie müssen längerfristig vorbereitet werden. Deshalb reserviere mindestens eine Woche vor Prüfungstermin täglich eine feste Zeit zur Vorbereitung. Trage neben dem Fach und der geplanten Zeit auch den jeweiligen Lernstoff ein. So hast du auch in den nächsten Tagen eine Kontrolle darüber, was du gelernt hast.

TIPP für ELTERN

Besprechen Sie mit Ihrem Kind den von ihm allein erstellten Zeit- und Lernplaner. Lassen Sie sich erklären, warum er so aussieht. Geben Sie behutsam Ratschläge, falls Sie glauben, dass das eine oder andere aus Ihrer Erfahrung nicht so toll funktionieren kann.

7. Zusätzliches Lernen

Oft kommt das Lernen in „Problemfächern“ zu kurz. Daher solltest du dir hier zusätzliche Zeit dafür reservieren.

Auf der nächsten Seite findest du einen ausgefüllten „Musterplan“, der dir zeigt, wie man den Zeit- und Lernplan benützen kann. Auf Seite 36 ist ein leerer Tagesplaner abgedruckt, den du dir kopieren kannst.

Du kannst ihn auch kostenlos von der Durchstarten-Homepage downloaden: www.durchstarten.at/lernplaner.

TAGESPLAN FÜR MONTAG, DEN 8.10.

🕘	TERMINE	OK
8	E	
9	L	
10	U	
11	H	
12	C	
13	S	
14	Rasen mähen	
15	Hausübungen und	
16	Vorbereitung auf Prüfungen	
17	Tennis	
18	Tennis	
19	Zusätzl. Lernen	
20		
21	Bandprobe	?
22	Disco!!	

PRIORITÄT	GEPL. ZEIT	AUFGABEN	OK
A	90	Hausübungen	✓
A	30	Vorbereitung auf Prüfungen	✓
A	30	Zusätzl. Lernen	✓
B	60	Bandprobe	?
B	60	Rasen mähen	✓
A	10	Meerschweinchen füttern	✓

✉	☎	KOMMUNIKATION	OK
	X	Onkel Herman → Geburtstag!	✓
X		Nina: Liebesbrief	
	X	Philipp → Bandprobe!?	✓

MOTTO DES TAGES:
"ANYTHING GOES!!"

LERNPLAN

PRIORITÄT	GEPL. ZEIT	HAUSÜBUNGEN	TATSÄCHL. ZEIT	OK
A	30	Deutsch: Referat vorbereiten	30	✓
A	20	Mathe: Aufgaben 718 + 722	20	✓
A	10	Englisch: Vokabeln herausschreiben	10	✓
B	20	Geschichte: Text S. 24/25 + Fragen		
B	15	Biologie: Zeichnung Blüte		
C	30	Geo: Stumme Karte beschriften		

GEPL. ZEIT	PRÜFUNGEN FACH- UND LERNSTOFF	OK
20	Englisch:	✓
	Grammatik	
15	Deutsch:	✓
	Satzglieder	

GEPL. ZEIT	ZUSÄTZLICHES LERNEN FACH- UND LERNSTOFF	OK
30	Mathe:	✓
	Gleichungen	

TAGESPLAN FÜR …………………, DEN ……………

	TERMINE	OK
8		
9		
10		
11		
12		
13		
14		
15		
16		
17		
18		
19		
20		
21		
22		

PRIO-RITÄT	GEPL. ZEIT	AUFGABEN	OK

		KOMMUNIKATION	OK

MOTTO DES TAGES:

LERNPLAN

PRIO-RITÄT	GEPL. ZEIT	HAUSÜBUNGEN	TAT-SÄCHL. ZEIT	OK

GEPL. ZEIT	PRÜFUNGEN FACH- UND LERNSTOFF	OK

GEPL. ZEIT	ZUSÄTZLICHES LERNEN FACH- UND LERNSTOFF	OK

1. Semester

September	Oktober	November	Dezember	Jänner	Februar
1	1	1	1	1	1
2	2	2	2	2	2
3	3	3	3	3	3
4	4	4	4	4	4
5	5	5	5	5	5
6	6	6	6	6	6
7	7	7	7	7	7
8	8	8	8	8	8
9	9	9	9	9	9
10	10	10	10	10	10
11	11	11	11	11	11
12	12	12	12	12	12
13	13	13	13	13	13
14	14	14	14	14	14
15	15	15	15	15	15
16	16	16	16	16	16
17	17	17	17	17	17
18	18	18	18	18	18
19	19	19	19	19	19
20	20	20	20	20	20
21	21	21	21	21	21
22	22	22	22	22	22
23	23	23	23	23	23
24	24	24	24	24	24
25	25	25	25	25	25
26	26	26	26	26	26
27	27	27	27	27	27
28	28	28	28	28	28
29	29	29	29	29	29
30	30	30	30	30	
	31		31	31	

2. Semester

Februar	März	April	Mai	Juni	Juli
1	1	1	1	1	1
2	2	2	2	2	2
3	3	3	3	3	3
4	4	4	4	4	4
5	5	5	5	5	5
6	6	6	6	6	6
7	7	7	7	7	7
8	8	8	8	8	8
9	9	9	9	9	9
10	10	10	10	10	10
11	11	11	11	11	11
12	12	12	12	12	12
13	13	13	13	13	13
14	14	14	14	14	14
15	15	15	15	15	15
16	16	16	16	16	16
17	17	17	17	17	17
18	18	18	18	18	18
19	19	19	19	19	19
20	20	20	20	20	20
21	21	21	21	21	21
22	22	22	22	22	22
23	23	23	23	23	23
24	24	24	24	24	24
25	25	25	25	25	25
26	26	26	26	26	26
27	27	27	27	27	27
28	28	28	28	28	28
29	29	29	29	29	29
	30	30	30	30	30
	31		31		31

Jahresplaner

	September			Oktober			November			Dezember			Jänner			Februar		
1																		
2																		
3																		
4																		
5																		
6																		
7																		
8																		
9																		
10																		
11																		
12																		
13																		
14																		
15																		
16																		
17																		
18																		
19																		
20																		
21																		
22																		
23																		
24																		
25																		
26																		
27																		
28																		
29																		
30																		
31																		

	März			April			Mai			Juni			Juli			August		
1																		
2																		
3																		
4																		
5																		
6																		
7																		
8																		
9																		
10																		
11																		
12																		
13																		
14																		
15																		
16																		
17																		
18																		
19																		
20																		
21																		
22																		
23																		
24																		
25																		
26																		
27																		
28																		
29																		
30																		
31																		

Tagesleistungskurve

Menschen haben zu unterschiedlichen Zeiten ihre Leistungshochs und Leistungstiefs. So sieht die Durchschnitts-Tagesleistungskurve aus:

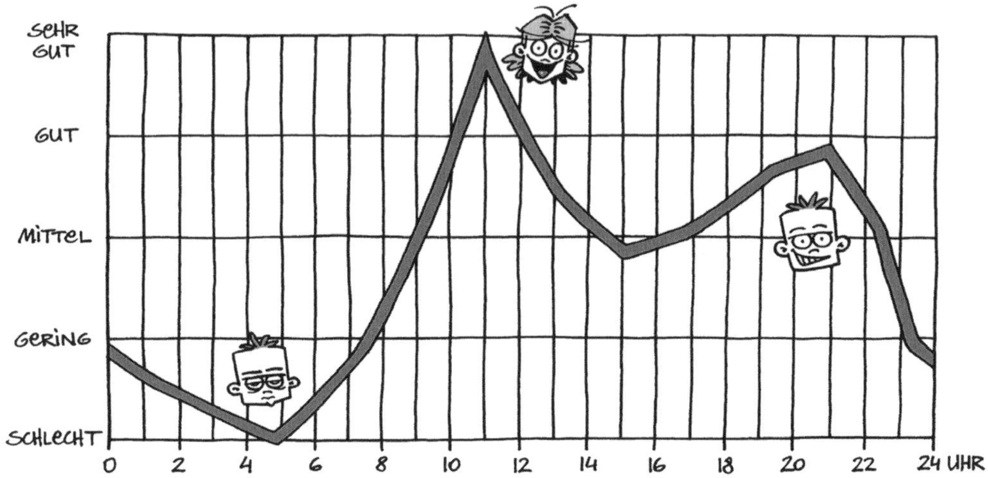

Zeichne nun mit einem Rotstift deine persönliche Tagesleistungskurve ein. Erledige die anstrengendsten Aufgaben in jenen Zeitbereichen, wo du am leistungsfähigsten bist.

TIPP für ELTERN

Sie kennen Ihr Kind wohl am besten. Besprechen Sie daher mit ihm seine Selbsteinschätzung zur persönlichen Tagesleistungskurve. Unterstützen Sie Ihr Kind darin, seine Pausen „richtig“ zu konsumieren und in seinen Leistungshochs zu lernen. Legen Sie private Termine Ihres Kindes in jene Zeitbereiche, wo sein effizienter Lernrhythmus nicht gestört wird.

Arbeitsplatz

Arbeitsplatz und Lernumfeld haben einen großen Einfluss auf deinen Lernerfolg. Berücksichtige daher bei der Gestaltung deines Arbeitsplatzes folgende TIPPS:

FÜHL DICH WOHL!

Dein Lernplatz muss für dich eine angenehme Atmosphäre haben. Gestalte ihn daher selbst, du musst dich wohlfühlen. Dazu können zB angenehme Farben, Pflanzen, Bilder, ein Poster deiner Lieblingsband ... beitragen.

SITZ BEQUEM!

Wer unbequem sitzt, kann sich nur schlecht konzentrieren. Daher darf beim Schreibtischstuhl auf keinen Fall gespart werden. Sitzhöhe und Rückenlehne sollten verstellbar sein, damit eine individuelle Sitzposition gefunden werden kann. Rückenschmerzen und sonstige Sitzfolgeschäden sind zu vermeiden.

TIPP für ELTERN

Diese richtige „Infrastruktur" des Lernens mitherzustellen, ist auch für Sie eine Herausforderung. Die dafür notwendigen finanziellen Aufwendungen bekommen Sie aber doppelt und dreifach zurück, wenn Ihr Kind gerne und erfolgreich an seinem tollen Arbeitsplatz lernt.

SORG FÜR LICHT UND SAUERSTOFF!

Lern in einem hellen Raum, in den ausreichend natürliches Sonnenlicht hineinstrahlt. Dieses Licht sollte bei starker Sonneneinstrahlung aber weder blenden noch an deinem Arbeitsplatz starke Hitze entwickeln. Berücksichtige dies bei der Standortwahl deines Schreibtisches. Kümmere dich auch um eine Schreibtischlampe, die ausreichend Licht spendet, aber nicht blendet.
Das Gehirn braucht Sauerstoff zum Denken. Fehlender Sauerstoff lässt dich ermüden. Öffne daher immer wieder dein Fenster. Pflanzen produzieren auch Sauerstoff!

VERLIER NICHT DIE ÜBERSICHT!

Sorg dafür, dass du jederzeit die absolute Übersicht hast und keine Zeit mit unnötigen Suchvorgängen vergeudest. Ein aufgeräumter Schreibtisch macht zwar Sinn, aber Sachen wegzuräumen, die du am nächsten Tag wieder benötigst, ist Zeitverschwendung.

TIPP für ELTERN

Hüten Sie sich in diesem Zusammenhang vor einer unangebrachten Putzsucht! Weniger (Ordnung) ist mehr (Zeitgewinn)!

VERMEIDE STÖRUNGEN VON AUSSEN!

Störungen hindern dich am konzentrierten Lernen, beseitige daher:

- akustische Störungen (Lärm oder Geräusche in der Wohnung; Leute, die dich an deinem Arbeitsplatz stören; Lärm von draußen)
- klimatische Störungen (zu warm, zu kalt; zu trockene oder zu feuchte Luft)
- Geruchsstörungen (Küchenduft; Haustiere; ungelüftetes Zimmer)

SCHAFF DREI ARBEITSBEREICHE!

1. **Kreativbereich:** eine gemütliche Ecke für Ideen und Konzepte
2. **Umsetzungsbereich:** der Schreibtisch
3. **Kontrollbereich:** zum noch einmal in aller Ruhe Durchlesen; frei gestaltbar

TIPP für ELTERN

Sie müssen nicht mit der Planung des Umbaus beginnen. Wenn Ihr Kind kein eigenes Zimmer hat, überlegen Sie mit ihm gemeinsam, wo die 3 Bereiche innerhalb der Wohnung/des Hauses sein könnten. Wenn Ihr Kind in einem dieser 3 Bereiche arbeitet, schützen Sie es vor jeglichen Störungen – vor Geschwistern, Verwandten ...

Hausübungsmanagement

HAUSÜBUNGSANGABE AUFSCHREIBEN

Damit du deine Hausübungen zu Hause (!) machen kannst, musst du wissen, was aufgegeben wurde. Schreib daher im Unterricht gut mit und insbesondere auf, was die Lehrerin/der Lehrer als Hausübung formuliert hat. Siehe dazu das Thema „Heftführung", Seite 59.

FÜR ABWECHSLUNG SORGEN

Während der Hausübungen solltest du für Abwechslung sorgen, damit du dich nicht stundenlang am selben Lernplatz mit gleichen oder ähnlichen Aufgabenstellungen herumplagst – das nervt mehr als notwendig.

Wechsle deine Hausübungen zB wie folgt ab:

14.30 Uhr: Mathehausübung am Schreibtisch, anschl. kurze Pause

15.30 Uhr: Lesen für Deutsch im gemütlichen Lesesessel

16.00 Uhr: Auswendig lernen der Englisch-Vokabel Unit 3 im Stehen oder Herumgehen

Überleg dir also, wie du Abwechslung und eine Abfolge in dein Hausübungsprogramm bringen kannst, indem du Folgendes berücksichtigst:

- Ort: Schreibtisch/gemütliches Plätzchen/Bewegung
- Art: Schreiben, rechnen, zeichnen, lesen, auswendig lernen
- Zeit: dauert lang/kurz
- Qualität: macht Spaß/ist langweilig; ist schwer/ist leicht
- Wichtigkeit: brauche ich bis morgen/übermorgen ...
- Noten: wird kontrolliert/wird nicht kontrolliert

(BEWUSST) PAUSE MACHEN

Auch wenn du noch so tüchtig an einem neuen Stoffgebiet lernst, hin und wieder bist du kurz abgelenkt, zB ein Blick aus dem Fenster, ein Gedanke an den Freund/die Freundin ... . Das sind unbewusste Pausen, die beim Lernen ganz normal sind. Dein Gehirn managt das ganz automatisch, es stoppt sozusagen die Aufnahme weiterer Informationen, um den Stoff in Ruhe für sich nacharbeiten zu können. Während du also an deinen Freund/deine Freundin denkst, arbeitet dein braves Gehirn weiter. Gönne ihm diese „automatischen Pausen", das fördert den Lernerfolg.

Wenn du allerdings Hausübungen machst, bei denen du immer dasselbe tun musst, zB eine bestimmte Zeitform bilden, dann schaltet dein Gehirn nicht auf „Pause". Die Folge ist, dass deine Konzentration rasch nachlässt und du sogenannte „Flüchtigkeitsfehler" machst.

Wenn du daher bei solchen Hausübungen keine bewusste Pause machst, verlangsamt sich dein Arbeitstempo automatisch und außerdem machst du noch dazu Fehler.

GUTER TIPP: 25 Minuten Lernzeit + 1 x 5 Minuten Pause

BESTER TIPP: 25 Minuten Lernzeit + 5 x 1 Minute Pause

TIPP für ELTERN

Beobachten Sie Ihr Kind beim Lernen. Lernt es stundenlang ohne Pause?
Steht es alle paar Minuten vom Arbeitsplatz auf, um irgendwas zu machen, Hauptsache weg vom Lernen?
In beiden extremen Fällen braucht es Ihre Hilfe. Helfen Sie ihm, sich die Arbeitszeit pausengerecht einzuteilen.

INNERER SCHWEINEHUND

Keine Lust auf Hausübungen? Du wäschst sogar das Geschirr freiwillig ab, nur um nicht mit den doofen Hausübungen beginnen zu müssen?

Mit dieser „Grundstimmung" bist du nicht alleine. Vielen SchülerInnen ergeht es des Öfteren so. Es ist auch eigentlich logisch, denn: Wir tun nur das freiwillig, was uns Spaß und Erfolg, Lob und Anerkennung bringt.

Im Gegensatz dazu vermeiden wir, was uns Ärger, Frust und Beleidigungen bringt. Kurz: alles, was unser Selbstwertgefühl verletzt.

Jedenfalls solltest du mal überlegen, welche Vorteile ein neues Verhalten deinen Hausübungen gegenüber bringen könnte.
Das könnte zB so aussehen:

Derzeitiges Verhalten: Ich mache die Hausübungen am Sonntag Abend	
VORTEILE	**NACHTEILE**
◆ Unter der Woche mehr Zeit	◆ Keine Zeit, bei Problemen noch Freunde zu fragen
◆ Ich arbeite unter Druck besser	◆ Kann länger dauern als geplant; dann wird der Abend auch mal sehr lang
◆ Meine Mutter hilft mir	◆ Es darf nichts dazwischenkommen
◆ Sonntag Abend ist mir sowieso langweilig	◆ Bin den Sonntag über schon in Gedanken bei den Hausübungen

Gewünschtes Verhalten: Hausübungen sofort machen	
VORTEILE	**NACHTEILE**
◆ Ich kann besser planen	◆ Ich komme erst später als sonst zu meinen Freizeitaktivitäten
◆ Bei Schwierigkeiten habe ich genügend Zeit, Freunde zu fragen bzw. die Aufgabe aufzuschieben	◆ Ich muss die Aufgaben allein machen
◆ Ich brauche nicht mehr die ganze Zeit an die Aufgaben zu denken	◆ Ich muss mich überwinden, die Hausübungen gleich zu machen
◆ Ich habe das ganze Wochenende frei	

Wenn nach deiner Analyse die Vorteile des gewünschten Verhaltens die Nachteile überwiegen, dann solltest du wohl dein bisheriges Verhalten ändern. Du könntest dir für dein neues Verhalten auch noch eine Belohnung überlegen, dann wäre die Verhaltensänderung noch attraktiver. Jedenfalls würde es dir mit solchen nüchternen Analysen leichterfallen, deinen inneren Schweinehund zu überwinden.

TIPP für ELTERN

Sie könnten die Verhaltensänderung Ihres Kindes ebenfalls belohnen. Bedenken Sie: Die wertvollste Belohnung ist meist nicht Belohnung in Form von Geld oder anderen materiellen Dingen. Belohnen Sie Ihr Kind, indem Sie ihm Ihre Zeit schenken. Unternehmen Sie gemeinsam etwas – schauen Sie zu bei seinem Fußballmatch, hören Sie zu bei ihrer Bandprobe ...

Konzentration

ÄUSSERE STÖRUNGEN AUSSCHALTEN

Wenn du kein eigenes Zimmer und keinen festen Arbeitsplatz hast, solltest du mit deiner Familie besprechen, wo du täglich dein Lernen erledigen kannst. Der Raum sollte von dir geschlossen werden können und in der Zeit, in der du arbeitest, nur für dich zugänglich sein. Du musst dich auf deinem Arbeitsplatz ungestört und wohl fühlen. (Siehe auch Seite 41 bis 43)

AUFWÄRMÜBUNGEN

Beginn dein Lernen immer mit einer leichten Übung, zB mit dem Planen deines Lernnachmittages oder dem Lernen von 7 Vokabeln.

TIPP für ELTERN

Das Wohlfühlen können Sie unterstützen, indem Sie Ihr Kind abschirmen vor Störungen. Wohlfühlsteigerung: Bringen Sie Ihrem lernenden Kind eine kleine Aufmerksamkeit vorbei – einen Obstteller, einen frisch gepressten Fruchtsaft, einen Multi-Vitamin-Riegel …

KLEINE LERNPORTIONEN

Wenn du dazu neigst, während der Arbeitszeit schnell aufzugeben und vom Schreibtisch wegzulaufen, lehne dich lieber alle 5 Minuten kurz zurück zu einem Minipäuschen. Das fördert dein Durchhaltevermögen und verbessert die Behaltensquote.

LERNGYMNASTIK

Mach die Überkreuzbewegung von Seite 51.

GEDANKENMÜLL BESEITIGEN

Lenken dich immer wieder „Nichtschulische Gedanken" vom Lernen ab? Um sie loszuwerden, musst du das Gefühl bekommen, dass du sie jederzeit wieder zur Verfügung haben kannst, wenn du das möchtest. Stelle dir eine „Gedankenmüllschachtel" neben den Schreibtisch. Wenn dich ein Gedanke ablenken will, schreibst du ihn auf einen Zettel und legst ihn in die Schachtel. Nun hast du das Gefühl, diesen wichtigen Gedanken nicht verlieren zu können. Nach dem Lernen nimmst du dir alle Zettel und überlegst, ob sie jetzt noch eine Bedeutung für dich haben.

ÜBER PROBLEME REDEN

Wenn du einen Streit hattest, dich ungerecht behandelt fühlst usw., solltest du sofort das Gespräch suchen. Das entlastet und du kannst dich danach wieder auf das Lernen konzentrieren.

TIPP für ELTERN

Wenn Sie merken, dass Ihr Kind ein Problem mit sich herumschleppt, warten Sie nicht zu. Sprechen Sie es darauf an. Probleme lösen sich selten von selbst.

SICH SELBST MOTIVIEREN

Du kannst deine eigene, lernunwilligste Stimmung selbst beeinflussen.
Sag dir zB laut vor: „Super, heute darf ich noch Englisch lernen." „Bruchrechnen – ja spitze! Da lass ich doch jeden Kinofilm sausen, am liebsten würd' ich den ganzen Tag mit Mathe zubringen!"
Bei dieser Übung gilt: Je doofer, desto besser. Am besten vor dem Spiegel!

ERFOLG VORWEGNEHMEN

Schließ die Augen und stelle dir vor, wie das ist, wenn du mit dem Lernen fertig bist. Wie du dir zur Belohnung einen Hamburger genehmigst, 20 SMS verschickst und dich mit Freunden verabredest.

LERNGRUPPEN BILDEN

Lernen mit Freunden bietet viele Vorteile: Man kann sich gegenseitig helfen und loben, man kommt auf neue Ideen, man sieht, dass die anderen auch nicht allwissend sind, usw.

Bewegungs- und Entspannungsübungen in Lernpausen

Konzentriertes Arbeiten ist nur dann möglich, wenn du Erholungspausen einplanst. Nach 30 bis 45 Minuten lässt deine Konzentration nach. Leg daher eine etwa 10 Minuten lange Pause ein, in der du eine Pausen-Übung machen kannst. Nach der Pause beginne mit einer nicht besonders anstrengenden Hausübung. Dann erst lernst du weiter. Auch dein Gehirn liebt die Abwechslung.

ÜBERKREUZBEWEGUNG

Diese Übung ist gut zur Koordination der linken und rechten Gehirnhälfte. Bring den rechten Ellbogen zum linken Knie und danach den linken Ellbogen zum rechten Knie. Achte dabei auf die Bewegung der Schultern.
Variante: Überkreuz-Marschieren auf der Stelle, wobei immer gleichzeitig der rechte Arm und das linke Bein bzw. der linke Arm und das rechte Bein aktiviert werden.
Dauer der Übung: ca. 2 Minuten

LIEGENDE ACHT

Diese Übung stärkt das beidseitige Sehen und somit die Konzentrationsfähigkeit beim Lesen und Schreiben. Schreib mit dem Daumen bei ausgestrecktem Arm eine große liegende Acht vor deinen Augen in die Luft. Verfolg dabei genau deinen Daumen nur mit den Augen.
Dauer der Übung: ca. 2 Minuten

ATEMÜBUNG

Konzentrier dich auf deinen Atem. Du atmest durch die Nase langsam und tief ein. Achte darauf, dass du ca. 5 Sekunden einatmest. Am höchsten Punkt hältst du den Atem ca. 2–3 Sekunden an. Dann atmest du durch den Mund langsam wieder aus.
Dauer der Übung: ca. 5 Minuten

MUSKELÜBUNG

Lege dich auf den Rücken.
Balle zuerst die Faust einer Hand und spann die gesamte Armmuskulatur an. Halt die Spannung ca. 7–10 Sekunden. Lös die Spannung und genieß das Gefühl, wenn die Anspannung aus deinem Arm weicht.
Mach dies nun nacheinander mit dem anderen Arm, mit den Beinen deiner Beckenmuskulatur, deiner Bauchmuskulatur, den Nacken- und Schultermuskeln und deiner Gesichtsmuskulatur. Halt die Spannung jeweils 7–10 Sekunden und genieß immer das Gefühl der Entspannung.
Dauer der Übung: ca. 10 Minuten

HIRNENTLEERUNGSÜBUNG

Unternimm bei deiner Lieblingsmusik eine Fantasiereise im Kopf. Sie führt dich gedanklich an einen Ort, wo du gerne wärst.
Was siehst du dort? Was hörst du dort? Was fühlst du? Wen triffst du? Was riechst du? ...
Dauer der Übung: ca. 10 Minuten

Lernkartei fürs Vokabellernen und Rechtschreibtraining

ANLEITUNG ZUM SELBERBASTELN

1. Kleb in eine Schuhschachtel Wände aus Karton, sodass vier Fächer entstehen.
2. Kopier die leeren Karteikarten von Seite 55/56 mehrmals und schneid sie auseinander.
3. Füll Karteikarten mit deinen „Problemwörtern“ (Vokabeln, falsch geschriebene Wörter) aus.

ANLEITUNG ZUM SELBERKAUFEN

Lernkarteien gibt es fix und fertig im Papierfachhandel zu kaufen.

ANLEITUNG ZUM SELBERÜBEN

Üb regelmäßig mit deinen „Problemwörtern", und zwar so:

- Neu ausgefüllte Karteikarten kommen in FACH 1.
- Haben sich mehr als 8 Wörter in FACH 1 angesammelt, erfolgt ein Diktat mit diesen Wörtern. Kannst du nun ein Wort richtig schreiben, wandert die Karte in FACH 2. Machst du aber wieder einen Fehler, bleibt sie im ersten Fach.
- Beim nächsten Diktat (ein bis zwei Tage später) werden zuerst die Wörter aus FACH 2 diktiert. Bei Richtigschreibung wandert das Kärtchen in FACH 3. Bei Falschschreibung muss die Karte in FACH 1 zurück, wird aber bei dieser Diktatrunde nicht mehr diktiert. Dann werden die Wörter des ersten Faches diktiert und dürfen entweder in FACH 2 oder müssen in FACH 1 bleiben.
- Wörter aus FACH 3 überprüfst du nach einer Woche; ist das Wort richtig, kommt es in FACH 4, ist es falsch, in FACH 1.

TIPP für ELTERN

Das Management der Karteikarten von FACH 1 bis FACH 4 ist anfänglich nicht leicht. Helfen Sie Ihrem Kind, bis es das System durchschaut hat.

Irgendwann landen Kärtchen in FACH 4, wo sie ca. 1 Monat liegen bleiben. Vor dem endgültigen Verlassen der Fehlerkartei werden sie noch einmal diktiert. Machst du einen Fehler, beginnt die Arbeit von vorne.

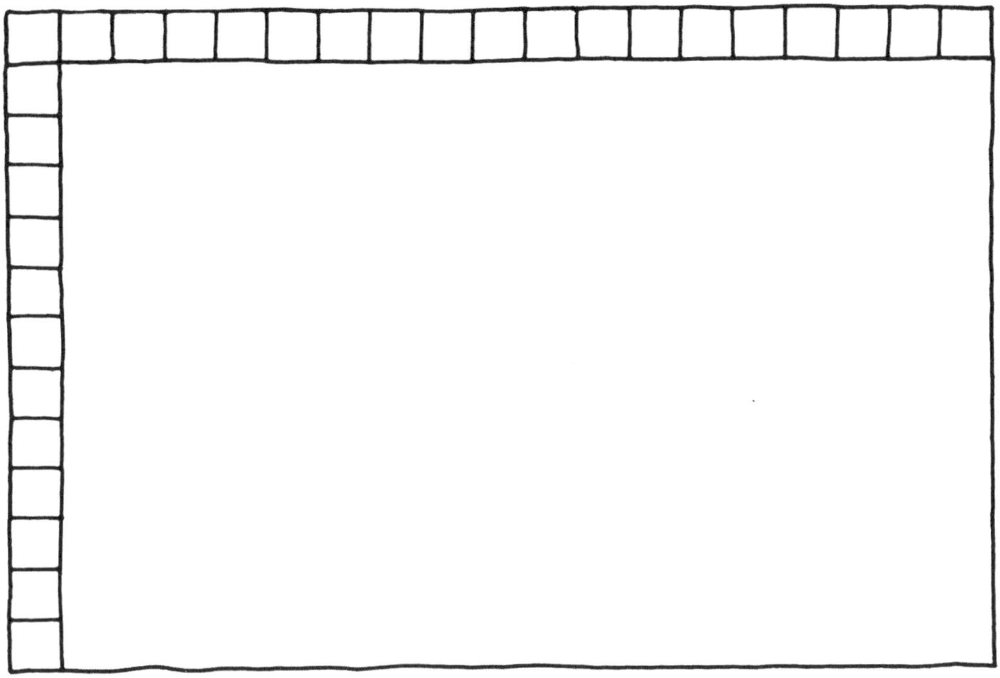

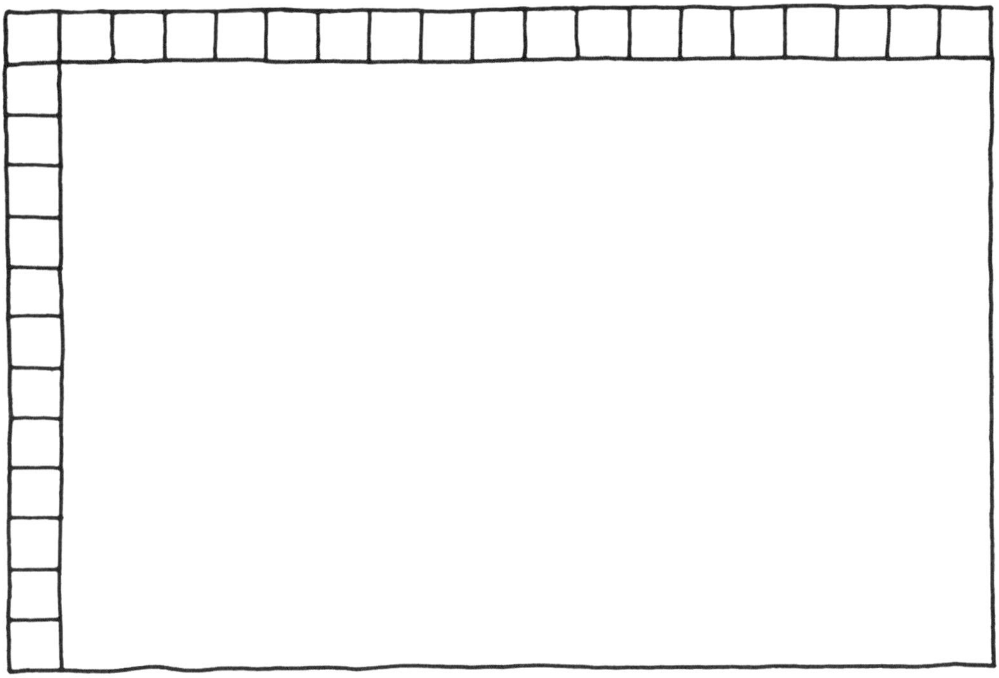

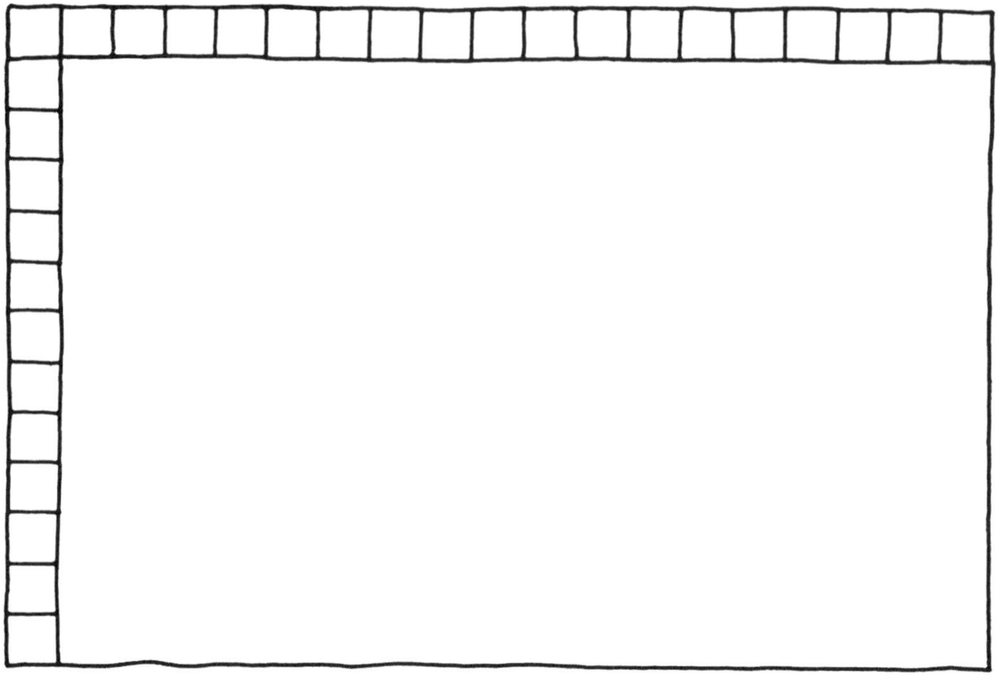

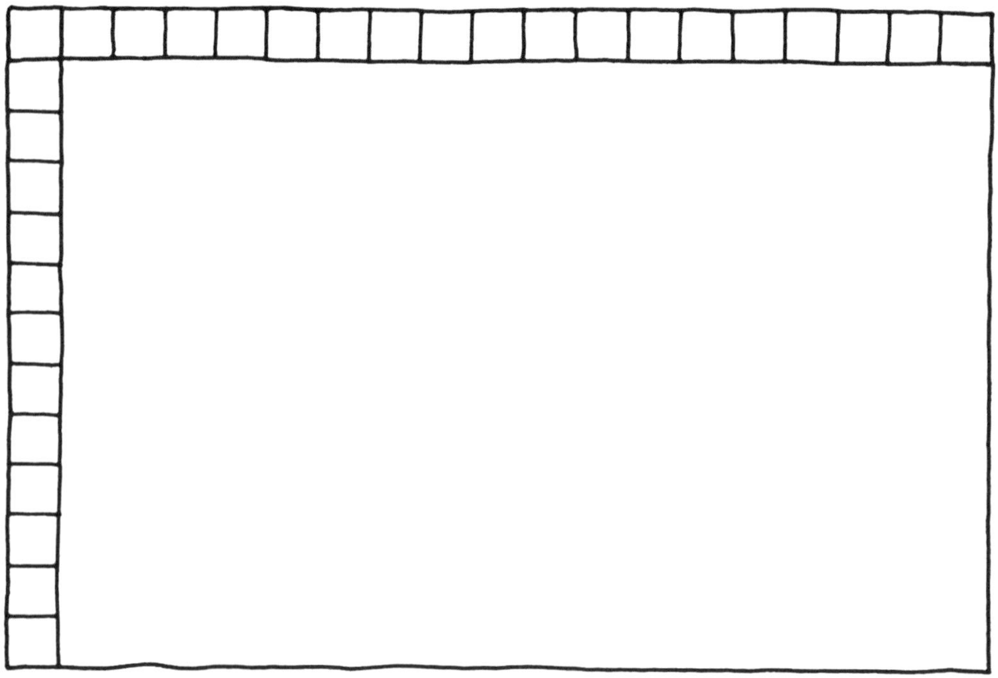

Ordnung bei den Schulsachen

Für deinen Schulrucksack/deine Schultasche und das, was du für den jeweiligen Schultag hineinpacken musst, bist du ganz alleine verantwortlich – lass dazu deine Eltern brav aus dem Spiel! Sei ihnen dankbar, wenn sie dir eine schmackhafte Jause richten, und gib ihnen dafür einen dicken Kuss.

Wie kannst du auf Nummer sicher gehen, dass du nichts zu Hause vergisst?

Packe deine Schulsachen in aller Ruhe am Vortag.

Dein Stundenplan liegt daneben, damit du beim Blick auf die am nächsten Tag unterrichteten Fächer nichts vergisst:

- Bücher mit?
- Hefte mit?
- Federschachtel mit?
- Alle Hausübungen gemacht?
- Sonstiges, was ich morgen in der Schule brauche?

TIPP für ELTERN

Sie sind aus dem Spiel! Außer: Jause und Kuss!

CHECKLISTE FÜR EINEN SCHULTAG

Bist du allerdings ein Chaot und Meister der Vergessens, wäre eine „Checkliste für einen Schultag" anzuraten. Sie könnte so aussehen:

STUNDENPLAN: MONTAG

1. STD.: MATHE	4. STD.: SPORT
2. STD.: DEUTSCH	5. STD.: ENGLISCH
3. STD.: BIO	6. STD.: MUSIK

MORGEN FRÜH DARAN DENKEN: SCHULTASCHE MITNEHMEN!

CHECKLISTE:

FACH	GEGENSTÄNDE	EINGEPACKT	SONSTIGES
MATHE	MATHEBUCH HAUSHEFT SCHMIERHEFT GROSSES LINEAL	✓	SCHULARBEITS-HEFT
DEUTSCH	DEUTSCHBUCH HAUSHEFT SCHULHEFT		???
BIO	BIOBUCH HAUSHEFT		5 VERSCHIEDENE BLÄTTER V. BÄUMEN
SPORT	SCHWIMMSACHEN (BADEHOSE, HAND-TUCH, SEIFE) 1-EURO		1-EURO FÜR'S SCHLIESSFACH!
ENGLISCH	GRAMMATIKBUCH HAUSHEFT SCHULHEFT SCHMIERHEFT	✓	NÖ!!
MUSIK	NOTENHEFT LIEDERBUCH	✓	BLOCKFLÖTE!
WICHTIGES	FAHRAUSWEIS JAUSE	MACHT MUTTI!	

Heftführung

Damit du zu Hause zielgerichtet lernen und üben kannst, musst du wissen, was im Unterricht durchgenommen wurde. Schreib daher im Unterricht gut mit.

So könnte eine Schulübung in deinem Schulübungsheft aussehen:

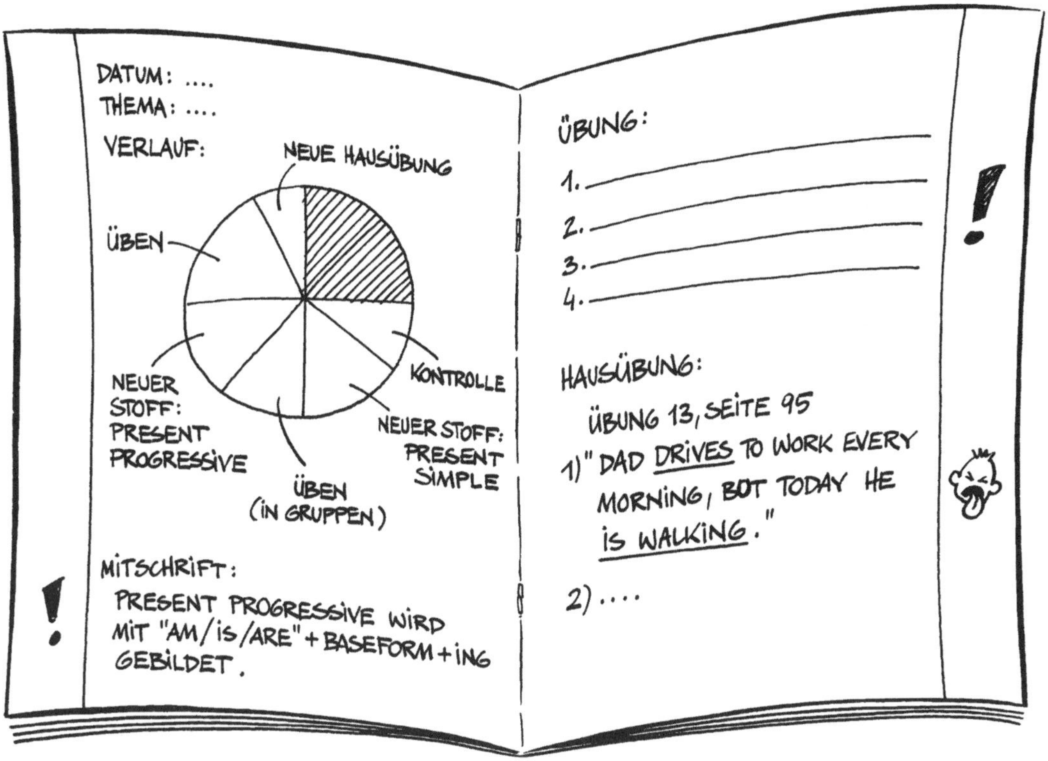

MITARBEIT DOKUMENTIEREN IM SCHULÜBUNGSHEFT MIT DEM MITARBEITSPROTOKOLL

Zeichne im Kreisdiagramm des Unterrichtsstundenverlaufes deine Mitarbeit ein.
Das kannst du so machen:

- Schraffieren des Tortenstückes = ich habe aufgepasst (ehrlich sein!)
- Kreis = ich habe mich gemeldet/aufgezeigt
- Kreuz = ich bin auch drangekommen
- Rufzeichen = mein Beitrag war richtig

Deine Mitarbeitsaufzeichnungen haben mehrere Vorteile:

1. Du siehst, wie gut oder schlecht deine Mitarbeit ist.
2. Je mehr Kreise/Kreuze/Rufzeichen, desto sicherer bist du im Stoff, desto mehr Selbstvertrauen kannst du haben.
3. Wenn du schließlich zu Semesterende oder am Schuljahresende deiner Meinung nach ungerecht benotet wirst, hast du ein tolles Protokoll zur Hand, um mit deinem Lehrer/deiner Lehrerin „diskutieren" zu können.

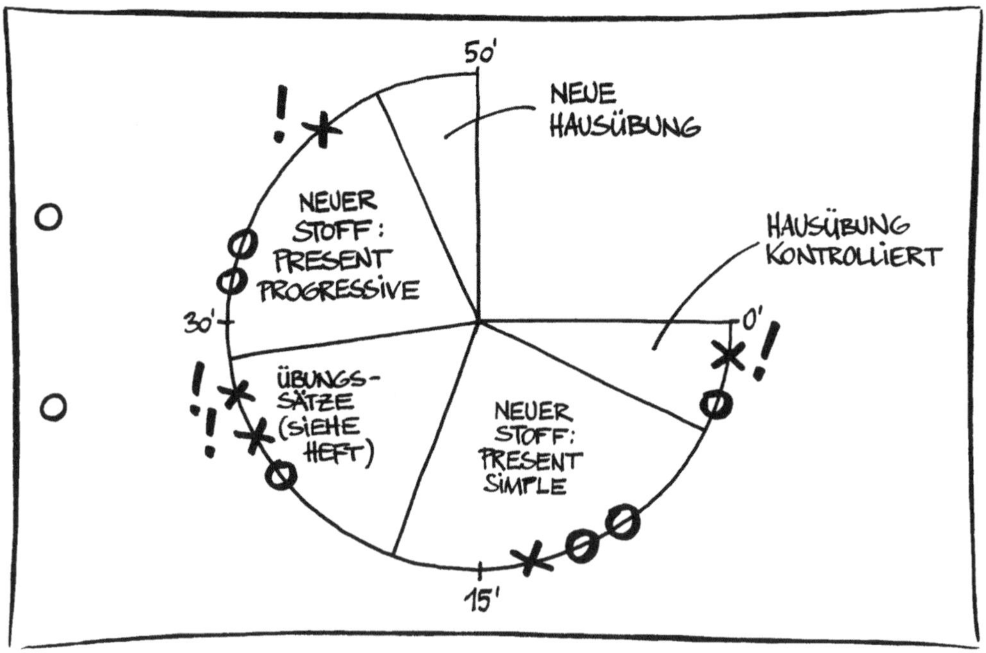

SCHNELL MITSCHREIBEN

Zu langsames Schreiben kostet Zeit – und wenn du beim Diktieren, Abschreiben oder Mitschreiben nicht mitkommst, kostet das auch Lernerfolg.
Wie kannst du also deine Schrift beschleunigen?

- Schnell schreiben geht vor schön schreiben!
  Du und dein Lehrer/deine Lehrerin müssen deine Schrift lesen können – das reicht. Die Lesbarkeit deiner „Schnellschrift" kannst du testen, indem du eine schnell geschriebene Mitschrift nach einer Woche zu lesen versuchst. Klappt das nicht, musst du gezielt die Buchstaben oder Buchstaben-Kombinationen üben, die unleserlich sind.
- Gewöhn dir für häufig vorkommende Nachsilben/Wörter/Wortgruppen Kürzel an, zB:
  und = u.
  daraus folgt, das bedeutet = →
  zum Beispiel = zB
  Nachsilbe -ung = g. (Berechnung = Berechng.)
- Lass unnötige Füllwörter mehr und mehr weg, bis du schließlich nur noch in Stichworten mitschreibst. So wird aus dem Originalsatz „Subjekt und Prädikat müssen in Person und und Zahl übereingestimmt werden" deine Mitschrift:
  „S + P übereinst. in Pers. + Zahl"

Den Unterricht erfolgreich mitgestalten

Wenn du eher zu den Stillen in deiner Klasse gehörst und dich kaum freiwillig meldest, entwickle einen Stufenplan. Dort trägst du ein, wie oft du dich in welcher Woche in welchem Fach melden möchtest. Mit Hilfe des Mitarbeitsprotokolls kannst du kontrollieren, ob du deine Ziele erreicht hast. Plane immer nur für einen Monat, über diesen Zeitraum kannst du Tagesschwankungen ausgleichen.
Beispiel für einen Stufenplan:

MÄRZ

FACH:	SO OFT WILL ICH MICH MIND. PRO STUNDE MELDEN:	GESAMTE SCHULSTUNDEN IM MONAT:	WIE OFT MUSS ICH MICH MELDEN:	SO OFT HABE ICH MICH GEMELDET:
DEUTSCH	2	16	32	卌 卌 卌 卌 卌 III
MATHE	1	14	14	卌 卌 卌 卌 I
GEO	2	10	20	卌 卌 IIII

DEUTSCH	3	18	54	
MATHE	2	12	24	
GEO	2	10	20	
CHEMIE	1	6	6	
ENGLISCH	1	16	16	

APRIL

AKTIVES ZUHÖREN

Äußere und innere Störfaktoren können dich vom Aufpassen im Unterricht abhalten und deine Konzentration stören.

Zu den äußeren Störfaktoren gehören zB:

- ein tratschender Sitznachbar
- Lärm in der Klasse
- unangenehmer Geruch (woher auch immer)
- ein knarrender Sessel
- ein schlechter, weil zu niedriger/hoher Tisch

Die meisten äußeren Störfaktoren kann man leicht beseitigen, oder?

Zu den inneren Störfaktoren gehören zB:

- Stress zu Hause
- Liebeskummer
- negative Noten
- Müdigkeit

Die inneren Störfaktoren lassen sich nicht so leicht beseitigen. Versuch sie auf die Pause oder auf die Zeit nach der Schule zu verschieben.

TIPP: Schreib dir selbst eine SMS mit einem Stichwort zu dem Gedanken, der dich gerade plagt, und schick ihn weg! Du kannst die SMS in der Pause oder nach der Schule abrufen und dann in Ruhe überlegen, was du bezüglich deines Problems tun kannst.

Körperliche Fitness

Du brauchst sie für deine Konzentration. Wenn du im Unterricht sitzt, musst du:

- gesund sein
- ausgeschlafen sein
- gut ernährt und satt sein
- bequeme Kleidung tragen
- dich fit fühlen

Jausenempfehlung: Jausenbrot (von Eltern), Obst, Milch (oder Mineralwasser)

TIPP für ELTERN

Zu diesem Punkt können Sie wertvolle Unterstützung leisten.
Hinterfragen Sie:
Wie viele Stunden schläft mein Kind durchschnittlich pro Nacht?
Ernähre ich mein Kind gesund?
Was isst und trinkt mein Kind in der Schule? Jause?
Was zieht es in die Schule an?
Macht mein Kind ausreichend Bewegung?
Wie fit ist mein Kind tatsächlich?

Fragen stellen

Es kann immer wieder vorkommen, dass du etwas nicht verstanden hast. Dafür kann es verschiedenste Gründe geben. Es ist daher kein Zeichen von Dummheit, wenn du nachfragst.

Wie fragst du richtig nach?

Stell die Frage so präzise wie möglich. Pack alles, was du nicht verstanden hast, in die Frage:

„Ich habe das mit dem Unterschied in der Verwendung zwischen present tense simple und progressive noch nicht verstanden. Könnten Sie das bitte noch einmal erklären?"

„Könnten Sie bitte noch einmal wiederholen, wie man den 3. vom 4. Fall unterscheiden kann? Ich komme bei den Endungen noch immer durcheinander."

Auch wenn du unsicher bist, ob du etwas richtig verstanden hast, solltest du rückfragen:

„Ist das richtig, dass man beim Dividieren von Brüchen mit dem Kehrwert multipliziert?"

„Habe ich das richtig verstanden: Inhaltsangaben schreibt man in der Gegenwart, Nacherzählungen im Präteritum?"

Meint er mich??

Es könnte vorkommen, dass dein Lehrer oder deine Lehrerin dich unvorbereitet etwas fragt. Du hast drei Möglichkeiten zu reagieren:

1. Du schweigst so lange, bis der Lehrer/die Lehrerin die Frage weitergibt – kann peinlich werden.
2. Du versuchst, die Antwort zu erraten – kann noch peinlicher werden.

3. Du gibst sofort zu, dass du die Antwort nicht weißt – zeigt eine gewisse persönliche Stärke und Ehrlichkeit.

Zu empfehlen ist daher Möglichkeit 3, aber setz sie nicht zu oft ein.

Sitzplatz in der Klasse

Setz dich grundsätzlich dort hin, wo du dich wohlfühlst. Oft hängt die Wahl des Sitzplatzes auch davon ab, wo der Freund/die Freundin sitzt.

Bist du dir aber unsicher, wo „dein Platz" sein soll, überleg Folgendes:

- Ist dir die Nähe zu LehrerInnen eher unangenehm, dann meide die vordere Reihe. Noch immer stehen/sitzen die meisten LehrerInnen den Großteil der Stunde vorne.
- Stört es dich, den Großteil der Klasse in deinem Rücken zu „spüren", weil du die meisten deiner MitschülerInnen nicht siehst, scheidet die 1. Reihe ebenfalls als Sitzplatz aus.
- Lässt du dich leicht ablenken, setz dich weit nach vorne und meide Plätze mit freiem Blick aus dem Fenster.
- Wenn du möchtest, dass dir deine LehrerInnen mehr Beachtung schenken, dann musst du dich in deren bevorzugten Blickwinkel setzen – siehe der graue Blickkegel in der Abbildung.

Konzentration im Unterricht

Sechs Stunden oder noch länger voll konzentriert zu sein, ist unmöglich. Das heißt, während einer Unterrichtsstunde kannst du gar nicht immer aufpassen. Du brauchst Erholungsphasen, in denen du während der Stunde kurz abschaltest, an etwas anderes denkst, einen Scherz machst usw.

Nimm dir diese Erholungsphasen gezielt, zB, wenn der Lehrer oder die Lehrerin einem einzelnen Schüler etwas erklärt, was du schon verstanden hast, wenn Stoff wiederholt wird, den du kannst, usw.

Verpasse aber nicht den Zeitpunkt, wieder konzentriert mitzumachen, wenn Neues erklärt wird, die Hausübung aufgegeben wird usw.

Unterrichtspausen sinnvoll nützen

Schule ist auch ein Ort der Begegnung mit Freunden/Freundinnen. Nütz die Pausen zwischen den Unterrichtsstunden auch dazu, mit ihnen zu plaudern, zu blödeln, den neuesten Tratsch weiterzutragen.
Musik, Mode, Kino und Wochenende gehören schließlich besprochen und sind mindestens so wichtig wie der Satz von Pythagoras in der vorigen Mathestunde.

Bewegen, Klassenraum verlassen, Jause verzehren sind weitere angenehme Aktivitäten zwecks Erholung und Entspannung.

Was du zusätzlich auch machen könntest, kannst du auf den Seiten 51 und 52 nachlesen, denn was zu Hause in Lernpausen gut für dich ist, funktioniert auch in den Schulpausen.

WAS GEHÖRT NICHT IN DIE SCHULPAUSEN?

- Hausübungen vom Klassenstreber abschreiben
- Versuchen, das ganze Bio-Buch noch ganz schnell durchzuarbeiten, weil in der nächsten Stunde Bio-Test ist
- Den Deutschlehrer ins Konferenzzimmer verfolgen und ihn sprechen wollen, weil man nicht mitbekommen hat, was nun zur Hausübung (bis wann übrigens?) auf ist

Bei solcher Pausengestaltung hätte vorliegendes Buch bisher schwerstens versagt!

Schularbeiten und Tests erfolgreich bestehen

VOR DER SCHULARBEIT ODER DEM TEST

Stoffgliederung und Materialsammlung

Verwende dazu eine Mind Map/einen Cluster (siehe Seite 15). Schreib das Thema der Prüfung in die Mitte eines Blattes und ordne das Stoffgebiet um den Mittelpunkt herum an. Such dir die Materialien zusammen, die du zur Vorbereitung benötigst (Bücher, Hefte, Kopien usw.).

Zeitplanung

Verwende dazu deinen Zeit- und Lernplaner (siehe Seite 33). Wann du mit der Vorbereitung beginnst, hängt u. a. ab von Stoffumfang, Schwierigkeitsgrad des Prüfungsstoffes und deinen Vorkenntnissen. Berücksichtige bei deiner Zeitplanung auch Wiederholungsphasen, gegen Ende der Vorbereitungszeit wird dein Lernaufwand daher größer sein müssen.
Für Schularbeiten gilt als „Daumenregel“: 1 Woche Vorbereitungszeit.

Schummelzettel

Er enthält die wichtigsten Inhalte und Informationen. Gestalte ihn so übersichtlich wie möglich. Der „Schummler“ bietet zwei Vorteile:

1. Wenn du es schaffst, auf sehr kleinem Raum die wichtigsten Informationen zu notieren, hast du in der Regel einen guten Überblick über das Prüfungsgebiet.
2. Er ist eine mentale Stütze während der Prüfung. Das sichere Gefühl reicht aus, dass du den Zettel gar nicht benützen musst, weil – Schummeln ist ja verboten!

VERHALTEN WÄHREND DER SCHULARBEIT ODER DES TESTS

Ruhe bewahren

Lass dich von anderen nicht verrückt machen; geh auf keine Fragen mehr ein; leg dir alle Materialien, die du für die Prüfung benötigst, geordnet auf den Tisch; sollte Nervosität aufkommen, atme einige Male tief durch und lehn dich dabei zurück.

Positive Erwartungshaltung einnehmen

Sag dir zB vor der Prüfung: „Ich bin gut vorbereitet und froh, dass es endlich losgeht. Ich bin neugierig, was kommt."

Aufgabenstellung genau durchlesen

Verschaff dir zunächst einen Überblick über die gesamte Prüfung. Danach beurteilst du, welche Aufgaben für dich leicht und welche eher schwerer zu lösen sind.

Ablauf planen – vom Leichten zum Schweren

Leg die Reihenfolge der Aufgabenerledigung fest, fang mit der leichtesten Aufgabe an. Überlegst du lange erfolglos an einer Aufgabe, macht dich das nervös und kostet dich Zeit. Geh in so einem Fall weiter zur nächsten Aufgabe.

Zeit im Auge behalten

Kontrolliere die Zeit, ohne dich dabei verrückt zu machen. Berücksichtige, dass du zum Ende der Prüfung hin auch noch Zeit zum Korrekturlesen brauchst.

Übersicht behalten

Übersichtlichkeit hilft auch dir, nicht nur deinem Prüfer/deiner Prüferin. Schreib ordentlich, arbeite mit Unterstreichungen und Farben.

Kleine Pausen einlegen

Auch während der Prüfung lässt die Konzentration nach. Leg daher nach einer erfolgreich abgeschlossenen Aufgabe eine kurze Pause ein und genieß den Erfolg. Bei Prüfungen über 50 Minuten solltest du auch etwas essen und trinken.
Leg eine kleine Pause ein, wenn es mal gerade nicht weitergeht.

Zeit voll ausnützen

Wenn du mit der Arbeit fertig bist, nütz die verbleibende Zeit zur Schlusskorrektur und formalen Ausgestaltung (zB Unterstreichungen, schlecht Lesbares neu schreiben ...).

Vorbereitung einer Englisch-Schularbeit (Test)

Stoffgliederung, Materialsammlung und Zeitplanung sind auf Seite 70 beschrieben.

Eine Englisch-Schularbeit kann sich zusammensetzen aus:

- Hörübungen (*Listening Comprehension*)
- Grammatikübungen
- Leseverständnisübungen (*Reading Comprehension*)
- Schreibübungen (*Writing*)
- Fragen zu den Schulbuchtexten

Du solltest alle Bereiche trainieren, aber die Schwerpunkte so setzen, wie du sie laut Schularbeitsstoff erwartest.

Zum Training deines Hörverständnisses besitzt du idealerweise eine CD mit Texten, die in Vokabular, Themen und Schwierigkeitsgrad auf deine Schulstufe abgestimmt sind. Zur CD gehören auch verschiedenste Übungen, die abprüfen, was du verstanden hast.

Grammatik und Leseverständnis kannst du mit dem Schulbuch üben. Meist sind die Übungen dazu aber bereits mit deinem Lehrer/deiner Lehrerin bearbeitet worden. Zusätzliches Übungsmaterial bieten dir Lernhilfebücher (siehe Seite 93), die auch eine CD beinhalten sollten.

Das Verfassen von Geschichten (*stories*) beschränkt sich meist auf jene Themenbereiche, die im Schulbuch behandelt wurden. Daher ist es wichtig, dass du dich zu diesen Themen auskennst und die dafür notwendigen Vokabeln beherrschst. Am besten schreibst du in der Vorbereitungszeit einige solcher Geschichten und lässt sie von „guten Engländern" (Eltern, Freunde) korrigieren.

Die Schulbuchtexte musst du inhaltlich beherrschen, damit du Fragen dazu beantworten kannst.

Übe abwechslungsreich und schreibe gegen Ende der Vorbereitungszeit Probeschularbeiten unter „Wettkampfbedingungen", d.h., du verlässt deinen Arbeitsplatz nicht, legst keine Pausen ein und musst in 50 Minuten fertig werden.

TIPP: Probeschularbeiten gibt es in den Lernhilfebüchern „Durchstarten Englisch" und auf www.durchstarten.at/englisch.

Vorbereitung einer Mathe-Schularbeit

Stoffgliederung, Materialsammlung und Zeitplanung sind auf Seite 70 beschrieben.

Viele Mathe-Lehrer geben den Schularbeitsstoff an, indem sie die entsprechenden Seiten im Schulbuch anführen. Manche Mathe-Lehrer geben auch die Beispielnummern aus dem Schulbuch als Stoffgebiet an.

In jedem Fall musst du alle Seiten/Beispiele durchüben. Je mehr Varianten du rechnest, desto sicherer und auch schneller wirst du.

Achte beim Üben auf Folgendes:

- Schreib alles an Zahlen heraus, was in der Angabe steht
- Mach bei Geometriebeispielen eine Skizze
- Schreib auf, was gesucht wird
- Achte darauf, dass die Zahlen untereinander stehen
- Achtung bei Maßeinheiten: Sind sie einheitlich?
- Schreib Nebenrechnungen am Rand auf, damit du deine Hauptrechnung nicht störst
- Unterstreich Zwischenergebnisse einfach
- Unterstreich Endergebnisse doppelt
- Denk bei Textaufgaben an den Antwortsatz

Üb abwechslungsreich und schreib gegen Ende der Vorbereitungszeit Probeschularbeiten unter „Wettkampfbedingungen“, d.h., du verlässt deinen Arbeitsplatz nicht, legst keine Pausen ein und musst in 50 Minuten fertig werden.

TIPP: Probeschularbeiten gibt es in den Lernhilfebüchern „Durchstarten Mathematik“ und auf www.durchstarten.at/mathematik.

Vorbereitung einer Deutsch-Schularbeit

Stoffgliederung, Materialsammlung und Zeitplanung sind auf Seite 70 beschrieben.

Bei Deutsch-Schularbeiten musst du kein mehr oder weniger großes Stoffgebiet lernen, sondern im Normalfall „nur" einen Aufsatz schreiben. Du solltest daher eine gute Rechtschreibung besitzen und die für die Schularbeit in Frage kommende(n) Textsorte(n) beherrschen.

Bist du eher schlecht in Rechtschreibung, solltest du unabhängig von einer Deutsch-Schularbeit ein Rechtschreibtrainingsprogramm starten. Die Verbesserung der Rechtschreibung ist ein sehr zeitaufwändiges Unternehmen, das aus dem Stress einer Schularbeitsvorbereitung herausgehalten werden muss.

Schreib in der Vorbereitung auf die Deutsch-Schularbeit Übungsaufsätze. Wenn du dir mit der geforderten Textsorte schwertust, zerleg den Aufsatz in Arbeitsschritte.

Musst du zB eine Erlebniserzählung verfassen, trainiere zunächst die „Stoffsammlung", anschließend die Gliederung. Danach versuch dich an Einleitungen und Schlüssen. Wenn das klappt, schreib einen Hauptteil dazu.

Gegen Ende der Vorbereitungszeit schreibst du Probeschularbeiten unter „Wettkampfbedingungen", d.h., du verlässt deinen Arbeitsplatz nicht, legst keine Pausen ein und musst in 50 Minuten mit dem kompletten Aufsatz inklusive Korrekturlesen/Überarbeiten fertig werden.

TIPP: Aufsatztraining gibt es in den Lernhilfebüchern „Durchstarten Deutsch".

Mündliche Prüfungen erfolgreich bestehen

FRAGENKATALOG ERSTELLEN

Erstell einen Fragenkatalog zum Prüfungsstoff. Schreib dir Fragen, die dir während der Vorbereitung in den Sinn kommen, auf die Vorderseite einer Karteikarte, die Antworten auf die Rückseite. Verwende für jede Frage eine Karteikarte.

PRÜFUNGSSITUATION NACHSPIELEN

Bitte jemanden, für dich PRÜFERIN/PRÜFER zu spielen". Sie/Er stellt dir Fragen aus dem Prüfungsstoff, indem sie/er die Karteikarten aus dem Fragenkatalog verwendet. Leg die Prüfungszeit vorher fest und überschreite sie nicht. Idealerweise „spielt" die/der PRÜFENDE deine Lehrerin/deinen Lehrer nach (du weißt sicher, wie deine Lehrerin/dein Lehrer prüft, wie lange sie/er etwa prüft, ob sie/er Zwischenfragen stellt etc.). Gib der PRÜFERIN/dem PRÜFER klare und deutliche Antworten auf die gestellten Fragen; versteht sie/er etwas nicht, ist das ein Signal dafür, dass du deine Antwort besser formulieren musst. Findest du keine PRÜFENDEN, kannst du die Übung auch alleine machen. Du übernimmst auch die Rolle der PRÜFERIN/des PRÜFERS.

KÖRPERSPRACHE

Körpersprachliche Signale können eine Prüfung positiv oder negativ beeinflussen. Achte auf folgende Punkte:

- Aufrechte Körperhaltung, PrüferIn freundlich und erwartungsvoll anschauen
- Setz beim Reden deine Hände (Gestik) und deinen Gesichtsausdruck (Mimik) ein
- Sprich laut, deutlich und nicht zu schnell; verwende kurze Sätze

NACHFRAGEN

Hast du eine Frage nicht verstanden, frage nach. Nachfragen bringt dir auch einen Zeitgewinn, wenn du dir über deine Antwort noch nicht im Klaren bist.

NACHDENKEN

Eine gute Antwort muss gut überlegt sein. Nimm dir Zeit zum Nachdenken und überlege dir die Formulierungen, ehe du zu reden anfängst. Sollte dich ein Prüfer/eine Prüferin antreiben, mach ihn/sie höflich darauf aufmerksam, dass du erst nachdenken musst.

FALSCHE ANTWORTEN

Keine Angst davor! Sag alles, was dir zur Frage einfällt und nicht direkt falsch erscheint. Lieber mal auch eine falsche Antwort geben als sich nach der Prüfung ärgern, wenn man bemerkt, dass die verschwiegene Antwort richtig gewesen wäre.

EHRLICHKEIT

Gib zu, wenn du etwas nicht weißt. Langes Schweigen steigert die Nervosität. Der Prüfer/die Prüferin stellt dir möglicherweise Zusatzfragen zu diesem Stoffgebiet. Auch darauf keine Antworten zu geben, erzeugt beim Prüfer/der Prüferin die Vermutung, dass du nichts kannst. Daher möglichst schnell weg aus diesem Stoffgebiet. Wenn du dein Nicht-Wissen zugibst, hat der Prüfer/die Prüferin die Gelegenheit, dir eine andere Frage zu stellen, und das „lästige Nachbohren" fällt weg.

5. SCHRITT: WIE ELTERN HELFEN KÖNNEN

Liebe Eltern!

Selbstverständlich wollen Sie nur das Beste für Ihr Kind! Aus ihm soll schließlich etwas werden und idealerweise soll es ihm einmal (noch) besser gehen als Ihnen. Dazu ist eine gute Schulausbildung, eventuell eine Matura, Voraussetzung – obwohl, ein Studium wäre auch nicht schlecht!

Aus diesem Glauben heraus bemühen Sie sich, Ihr Kind zu einem möglichst guten Schulabschluss zu führen. Leider ist Ihr Kind auch in diesem Punkt nicht (immer) Ihrer Meinung. Die Folgen sind: Ärger, Streit, Strafen – der Haussegen hängt schief.

In diesem 5. Schritt zum Schulerfolg Ihres Kindes wollen wir Ihnen einige Anregungen geben, wie Sie **trotz Schule** ein harmonisches Familienleben führen könnten. Das gelingt nur, wenn Sie Schulprobleme nicht gegen, sondern mit Ihren Kindern lösen.

Die nun folgenden Tipps zur Lösung von Schulproblemen können natürlich auch für die anderen Konfliktfelder innerhalb der Familie gelten. Sie können aber nur Anregungen darstellen, wie Sie zukünftig mit solchen Problemen **auch** umgehen könnten. Vielleicht ermuntert Sie dieses Kapitel aber zumindest, Neues im Umgang mit Ihrem Kind auszuprobieren bzw. gibt Ihnen die Bestätigung, dass Sie auf einem richtigen Weg sind.

Motivieren – nicht streiten!

Je besser Sie Ihr Kind motivieren, desto weniger werden Sie mit ihm streiten. Klingt einleuchtend und leicht dahingeschrieben, aber wie tun?

Das Geheimnis erfolgreicher Motivation liegt darin, dass Sie sich zunächst folgende Fragen stellen:

1. Was möchte mein Kind gerne erreichen? Was sind **seine** Bedürfnisse?
2. Was sind **meine** Bedürfnisse?

Daraus ergibt sich nun die nächste Frage für Sie:

3. Decken sich meine Bedürfnisse mit denen meines Kindes?

„JA!“ → Gratuliere, Sie könnten die nächsten Seiten überspringen!

„NEIN, aber mein Kind muss ohnehin das machen, was ich von ihm verlange.“ → Ihr Motivationspotential ist sehr gering. Streit, Frust und Ärger werden Ihr ständiger Begleiter sein! An Ihrer Stelle würde ich trotzdem weiterlesen.

„NEIN, aber ich würde mir wünschen, dass wir gemeinsam Ziele festlegen, mit denen wir beide gut leben können.“ → Ihr Motivationspotential ist sehr hoch, unbedingt weiterlesen.

Elternwünsche

Welche Wünsche haben Sie bezüglich des Schulerfolges Ihres Kindes? Hier eine Auswahl, die Sie ergänzen können:

Mein Kind soll ein guter Schüler/eine gute Schülerin sein,

- damit es sich wohlfühlt
- damit es gute Berufschancen hat
- damit es keine Angst vorm Durchfallen haben muss
- damit das Ansehen der Familie nicht leidet
- damit das Ansehen des Kindes nicht leidet

Mein Kind soll eine stressfreie Schulzeit erleben,

- daher lerne ich mit ihm
- daher bekommt es Nachhilfe
- daher muss es immer brav mitlernen
- daher muss es seine Hausübungen immer machen

Mein Kind soll sich an Leistungsdruck gewöhnen. In der Arbeitswelt kann es dann besser damit umgehen.

Weitere Wünsche

Erzählen Sie Ihrem Kind von Ihren Wünschen, begründen Sie sachlich jeden einzelnen Wunsch. Oft kennen Kinder diese Erwartungen ihrer Eltern nicht. So aber hat Ihr Kind die Möglichkeit, sich auf sachlicher Ebene mit Ihren Bedürfnissen auseinanderzusetzen und seine eigenen Bedürfnisse zu artikulieren.

Kinderwünsche

Vereinbaren Sie, dass Ihr Kind alles sagen darf – noch besser: Ihr Kind trägt seine Wünsche zunächst in aller Ruhe auf einer Liste ein, die als Grundlage des Gesprächs über seine und Ihre Wünsche dienen kann.

Wünsche zu Hause

Ich möchte, dass meine Eltern

- mir bei den Hausübungen helfen
- mich an das Lernen und Üben erinnern
- meine Aufgaben kontrollieren
- mir meine Lernzeiten vorschreiben/einteilen
- zusätzlich mit mir üben
- mir zuhören, wenn ich über die Schule erzähle
- mich völlig allein lernen lassen
- ______________________________

Wünsche in der Schule

Ich möchte in der Schule

- gute Noten haben
- mich mit allen verstehen
- Spaß haben
- gut mitarbeiten können
- Freunde treffen
- in der Hauptsache durchkommen
- ______________________________

Mich stört an meinen Eltern, dass sie

- schimpfen, wenn ich Aufgaben nicht sofort erledige
- fast nur über Schule mit mir reden
- mir etwas verbieten, wenn ich einen Fünfer bekommen habe
- mit mir mehr üben als notwendig
- ______________________________
- ______________________________

Gehen Sie öfter auf die Wünsche und Bedürfnisse Ihres Kindes ein. Wenn Sie merken, dass ihm etwas nicht passt, fragen Sie ruhig und sachlich nach den Gründen.

TIPP: Schließen Sie einen Vertrag mit Ihrem Kind, in dem Sie sich auf gemeinsam anerkannte Bedürfnisse einigen. Ein Beispiel für einen solchen Vertrag finden Sie auf der nächsten Seite.

Lernverträge

Solche Verträge beruhen auf partnerschaftlicher Basis. Für die verschiedensten Bereiche werden klare Regelungen getroffen, in denen sich die Wünsche und Bedürfnisse beider Seiten wiederfinden. Bitte nehmen Sie sich für die Vertragsverhandlungen ausreichend Zeit, der Lernvertrag soll ja eine stabile Vertragssituation herstellen.

Mustervertrag

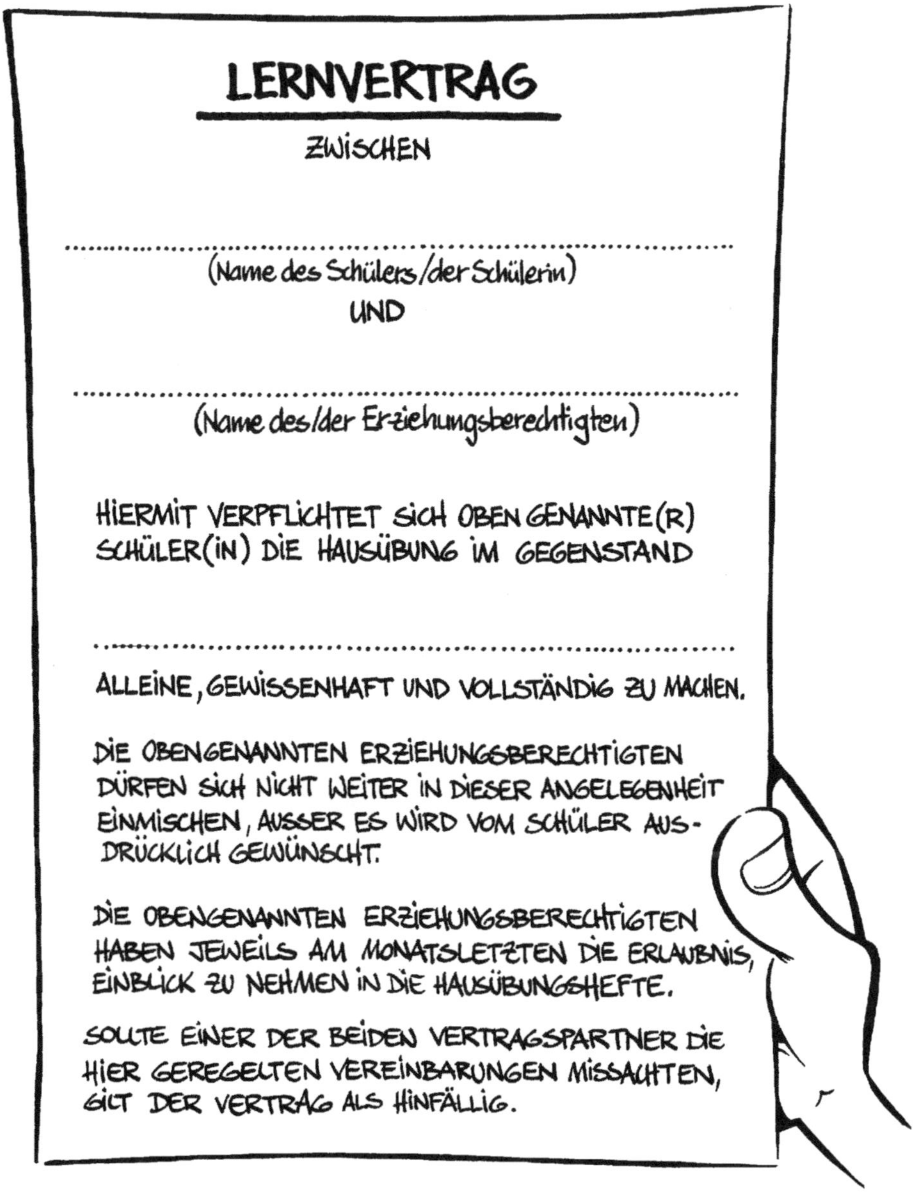

Wohlfühlatmosphäre

Schule kann Stress bedeuten für Ihr Kind. Umso wichtiger ist es, dass es zu Hause neue Kräfte für den nächsten Schultag sammeln kann. Wie gelingt das?

- Zu Hause findet Ihr Kind Ruhe.
- Zu Hause kann Ihr Kind selbst über seine Zeit entscheiden.
- Zu Hause wird Ihr Kind nicht unter den gleichen Leistungsdruck gesetzt wie in der Schule.
- Zu Hause darf Ihr Kind nicht die gleichen Demütigungen erleiden wie in der Schule.
- Zu Hause darf Ihr Kind auch die Fähigkeiten ausleben, die es tatsächlich hat.
- Zu Hause bekommt Ihr Kind partnerschaftliche Hilfe bei Lernschwierigkeiten.
- Zu Hause darf Ihr Kind Fehler machen, ohne dafür bestraft zu werden.
- Zu Hause werden die Wünsche und Bedürfnisse Ihres Kindes ernst genommen und berücksichtigt.

Falsche und gefährliche Hilfe

- Kontrollieren Sie nie unaufgefordert und unangekündigt die Hausübungen Ihres Kindes. Damit entmündigen Sie Ihr Kind und schaden seinem Selbstwertgefühl. Im schlimmsten Fall macht es die Hausübungen nur mehr dann, wenn die Eltern es wollen.
- Machen Sie nie die Hausübungen für Ihr Kind.
- Erklären Sie nicht sämtlichen Lernstoff noch einmal. Ihr Kind könnte sich an diesen Luxus gewöhnen und passt in der Schule nicht mehr auf, weil zu Hause ohnehin der „Privatlehrer" wartet.
- Wenn Sie schon ein Stoffgebiet erklären (müssen), verwenden Sie die in der Schule gebräuchliche Methode. Sonst verunsichern Sie Ihr Kind mehr, als Sie ihm helfen.
- Wenn Sie schon den Nachhilfelehrer spielen (müssen), vermeiden Sie negative Botschaften, zB: „Konzentrier dich endlich!", „Das ist doch ganz einfach!"
- Wenn Sie Zusatzübungen aufgeben, muss Ihr Kind auch damit einverstanden sein, und die tägliche Dauer sollte 20 Minuten nicht überschreiten.
- Bedenken Sie: Je mehr Sie Ihrem Kind als „LehrerIn" begegnen, umso mehr wird Ihre Eltern-Kind-Beziehung belastet.

Warum helfen?

- Ihr Kind möchte es und Sie sind sicher, dass es inhaltliche Hilfe braucht.
- Ihr Kind befindet sich in einer schwierigen Situation, zB durch längere Krankheit oder Schulwechsel.
- Ihr Kind hat in einem einzelnen Fach bei einem neuen Thema Schwierigkeiten.
- Sie selbst kennen sich im Lernstoff aus.
- Sie selbst haben Lust zu helfen.
- Sie selbst haben Zeit zu helfen.

Wie helfen?

- Bitten Sie Ihr Kind, die Aufgaben zunächst allein zu probieren und das zu erledigen, was es kann.
- Bieten Sie sich hinterher an, die Ergebnisse zu kontrollieren.
- Ihr Kind soll Ihnen die Aufgabenstellung erklären. Damit können Sie abschätzen, ob Ihr Kind die Aufgabe verstanden hat.
- Lassen Sie sich erklären, wo genau bei der Aufgabenstellung Ihr Kind sich nicht auskennt. Dadurch lernt Ihr Kind, Probleme zu beschreiben, und kommt möglicherweise selbst der Lösung näher.
- Ehe Sie selbst loslegen, geben Sie Ihrem Kind Tipps, wo es noch selbst Hilfe erhalten kann, zB in einem Lexikon, im Schulbuch, in einem Wörterbuch, im Internet. Außerdem sollten Musteraufgaben einschließlich Lösungen im Schulübungsheft stehen.
- Bitten Sie Ihr Kind, sich an den Unterrichtsverlauf zu erinnern. Eventuell tauchen in diesem Zusammenhang auch die Lösungen wieder auf.
- Möglicherweise stellt sich heraus, dass Ihr Kind nicht am aktuellen Stoffgebiet scheitert, sondern Lücken in alten Stoffgebieten bestehen. In so einem Fall macht es wenig Sinn, die aktuelle Aufgabe zu lösen. Besser ist es, die Lücken durch gezieltes Wiederholen zu schließen.
- Verraten Sie Fehler, die Ihr Kind in einer Aufgabe gemacht hat, nicht unmittelbar, sondern führen Sie Ihr Kind behutsam zur Fehlerstelle, sodass es den Fehler selbst entdeckt.
- Loben Sie Ihr Kind für das, was es geschafft hat, statt Kritik zu üben an dem, was es nicht geschafft hat.

Was tun bei schlechten Noten?

GEFÜHLE ERNST NEHMEN!

Ihr Kind wird sich über eine schlechte Note mindestens so ärgern wie Sie. Lassen Sie es von seinem Ärger erzählen und nehmen Sie es in seinem Ärger ernst. Tröstende Worte in der Art von „Alles halb so schlimm" bitte vermeiden.

Wenn Ihr Kind fertig erzählt hat, dann teilen Sie ihm Ihre Befürchtungen, Ängste und Ihren Ärger mit – in einem ruhigen und sachlichen Ton.

Das hilft Ihrem Kind, sich auf einer rationalen Ebene mit der schlechten Note auseinanderzusetzen.

STRAFEN VERBOTEN!

Kein Kind ist glücklich über eine schlechte Note. Manche spielen nur die „Coolen", um die eigene Betroffenheit zu verstecken. Außerdem gilt es nun, ein Problem zu lösen, nicht Schuldige zu suchen.

AUFBAUEN!

Eine schlechte Note heißt nicht durchfallen. Besprechen Sie erst am nächsten Tag, wie es zukünftig besser klappen könnte. Am Tag der schlechten Nachricht soll sich Ihr Kind noch ein Erfolgserlebnis verschaffen, zB Fußball spielen gehen, Reiten gehen, mit Freunden treffen usw.

5. SCHRITT: WIE ELTERN HELFEN KÖNNEN

VERGLEICHEN VERBOTEN!

Vergleiche mit Mitschülern oder Mitschülerinnen wirken verheerend auf das Selbstvertrauen und schaffen eine grausame Konkurrenz zwischen Kindern.

POSITIV DENKEN!

Nicht die Note ist entscheidend, sondern die Leistung. Fragen Sie Ihr Kind, welches neue Wissen, welche neuen Fähigkeiten es in den letzten Wochen erworben hat, trotz der schlechten Note. Schauen Sie mit Ihrem Kind gemeinsam auf das, was es kann, und nicht darauf, was es (noch) nicht kann.

LÜCKEN SCHLIESSEN!

Kopieren Sie die Schularbeit/den Test und machen Sie gemeinsam mit Ihrem Kind eine Fehleranalyse. Bestehen Lücken in zurückliegenden Stoffgebieten, vermitteln Sie diesen Stoff zu Hause. Der aktuelle Stoff wird ohnehin in der Schule geboten.

GEBEN SIE ES ZU!

Erzählen Sie Ihrem Kind von Ihren eigenen „Niederlagen". Das hilft auch Ihnen, sich in die Sorgen Ihres Kindes hineinzudenken.

Belohnungen

Es gibt zwei Jobs, die ziemlich anstrengend sind, aber nicht bezahlt werden: „Hausfrau/Hausmann“ und „Schülerin/Schüler“.
Unter welchen Umständen macht es Sinn, schulische Leistungen zu entlohnen, und wie könnte man diese „bezahlen“?

LERNFORTSCHRITT BELOHNEN

Belohnungen für bessere Noten sind gefährlich, weil Noten auch manchmal etwas „eigenwillig“ vergeben werden. Belohnt werden sollte aber der individuelle Lernfortschritt unabhängig von der Note.

VERHALTENSÄNDERUNGEN BELOHNEN

Hat Ihr Kind gegen ein Fach, einen Lehrer/eine Lehrerin oder auch ein Stoffgebiet eine große Abneigung, überwindet sich aber und ändert seine Einstellung/sein Verhalten in dieser Sache, ist das eine Belohnung wert.

STARTFINANZIERUNG

Die Belohnung soll zu Beginn eines Lernvorhabens eher hoch sein, um gegen Ende des Projektes immer mehr abzunehmen.

BELOHNUNGSARTEN

Vereinbaren Sie mit Ihrem Kind, was es sich als Belohnung wünscht. Das können materielle Wünsche sein, zB die neue CD der Lieblingsband, oder immaterielle Wünsche, zB bei einer Freundin übernachten zu dürfen.
Nachdem die Wunschliste steht, vereinbaren Sie mit Ihrem Kind, wie viele Belohnungspunkte ein bestimmter Wunsch wert ist. Ihr Kind kann dann frei entscheiden, ob es die Belohnungspunkte gleich einlöst, zB für 5 Punkte eine Schoko, oder ob es die Punkte für die Erfüllung eines größeren Wunsches anspart, zB 30 Punkte für die Übernachtung bei einer Freundin.

BELOHNUNGSDAUER

Vereinbaren Sie von vornherein, wie lange das Belohnungsprojekt laufen soll.

ERPRESSUNG?

Wenn Sie die Sache wie einen Vertrag ansehen, dann ist eine Erpressung nicht zu befürchten. Bringt Ihr Kind keine Leistung, gibt es auch keine Belohnung.
Übrigens könnte man ein Belohnungssystem auch in den Lernvertrag (siehe Seite 83) hineinschreiben.

Nachhilfe

Bisher haben wir von vielen Möglichkeiten der (Lern-)Hilfe gesprochen, die Sie Ihrem Kind schulbegleitend angedeihen lassen können. Wir könnten diese Hilfen und Tipps auch zusammenfassen unter „Lernmanagement", „Lernbegleitung", „Lernorganisation", „Lernberatung". Rechtzeitig und richtig eingesetzt, fördert diese (Lern-)Hilfe den Schulerfolg, ohne das Freizeitbudget Ihres Kindes zu belasten.

Von „Nachhilfe" sprechen wir dann, wenn Lernlücken auftauchen, die geschlossen werden müssen, d.h., wenn zusätzliches Lernen notwendig ist. Das bedeutet für das Kind in jedem Fall weniger Freizeit, aber mehr Lernzeit. Das ist nicht wirklich lustig und belastet in jedem Fall das Kind zusätzlich.

Daher sollten zunächst alle Möglichkeiten ausgeschöpft werden, ehe Nachhilfe tatsächlich gegeben werden muss:

1. Gespräch mit Lehrer/Lehrerin

Wenn Sie oder Ihr Kind Lücken festgestellt haben, besprechen Sie dies als Erstes mit der zuständigen Lehrkraft. Legen Sie auch dar, was Ihr Kind selbst zur Entstehung und Art dieser Lücken sagt. Bitten Sie die Lehrkraft um ihre Sichtweise und Einschätzung. Möglicherweise kann sie durch gezieltes Helfen im Unterricht, durch schulische Förderprogramme und individuell zusammengestellte Hausübungen Ihrem Kind helfen, und Nachhilfe erübrigt sich.

2. Wer gibt Nachhilfe?

Lernlücken schließen können

- Eltern (ziemlich eingeschränkt!)
- Lernhilfebücher
- Lernsoftware
- Nachhilfelehrer (privat)
- Nachhilfeinstitute (öffentlich)

ELTERN

Eltern sollten eigentlich nicht Nachhilfe geben. Aufgrund der emotionalen Nähe zum Kind sind Spannungen vorprogrammiert. Auch wenn Mama oder Papa eine pädagogische Ausbildung haben, kann die Eltern-Kind-Beziehung nicht ausgeblendet werden. Die Einengung dieser Beziehung auf das Thema Schule und Leistung belastet das gesamte familiäre Klima meist sehr.

Außerdem wird allzu schnell einfach drauflosgeübt, nach dem Motto: Wenn meine Tochter jeden Tag 20 Beispielsätze übt, wird sie's schon irgendwann kapieren.

Eine sorgfältige Analyse der Schwierigkeiten unterbleibt meist, und so wird mehr kaputt gemacht als geholfen.

Eltern können aber sinnvolle und effiziente Nachhilfe für ihr Kind organisieren, wenn sie Folgendes beachten:

Ist mein Kind ständig überfordert?

„JA": Dann ist es in der falschen Schule. Hier hilft ein Schulwechsel mehr als Nachhilfe.

„NEIN", aber mein Kind hat

- einen Schulwechsel zu verkraften,
- eine längere Krankheit hinter sich,
- schwere persönliche Belastungen (Todesfälle, Scheidung ...) zu verkraften,
- Schwächen in einem einzelnen Fach,
- keine Grundkenntnisse in einem einzelnen Fach,
- kein Selbstvertrauen und ist total verunsichert.

In diesen Fällen ist Nachhilfe durchaus sinnvoll, aber 2 Dinge sollen Sie noch beachten, ehe die Nachhilfe beginnt:

- Ihr Kind will auch diese Nachhilfe!
- Die Nachhilfe ist zeitlich begrenzt!

LERNHILFEBÜCHER

Gibt es zuhauf, aber wie das Richtige finden? Das Buch sollte idealerweise (Lern-)Manager, (Erklärungs-)Trainer und Übungsleiter in einem sein. Ruhigen Gewissens können Sie die Nachhilfe an so ein Universalgenie delegieren.

Dieses österreichische Lernhilfebuch-Universalgenie bietet:

- den Stoff der Schulstufe/Klasse, in der sich Ihr Kind befindet, zB Englisch, 5. Schulstufe
- die Abstimmung der Lernziele auf den österreichischen Lehrplan
- ausführliche Erklärungen zum Schließen der Lücken
- Musteraufgaben
- darauf gezielt abgestimmte, abwechslungsreiche Übungen
- Abschlussübungen mit Auswertungen
- eine Audio-CD für Hörübungen in Fremdsprachen
- Lernportionen
- lerntypengerechtes Übungsangebot
- ein herausnehmbares Lösungsheft
- ein ansprechendes Layout
- eine Ihr Kind ansprechende Diktion/Sprache

Wenn Sie selbst oder eine andere Person mit Ihrem Kind lernen können, brauchen Sie nur einen „Übungsleiter" in Form eines Lernhilfe-Übungsbuches. Zum Absichern, Festigen und Vertiefen von Stoffgebieten sind diese Art Lernhilfebücher sehr gut geeignet. Sie bieten:

- den Stoff der Schulstufe/Klasse, in der sich Ihr Kind befindet, zB Englisch, 5. Schulstufe
- die Abstimmung der Lernziele auf den österreichischen Lehrplan
- Musteraufgaben
- Übungen, Übungen, Übungen
- Platz zum Hineinschreiben – so wird das Übungsbuch auch zum Übungsheft
- ein herausnehmbares Lösungsheft
- ein ansprechendes Layout
- eine Ihr Kind ansprechende Diktion/Sprache

Der Preis sollte Ihre Kaufentscheidung nicht beeinflussen – die Lernerfolge, die gute Lernhilfebücher bringen, rechtfertigen nicht jeden Preis, aber auch 20 Euro sind noch immer ein Schnäppchen, wenn damit Wissenslücken beseitigt werden können.

LERNSOFTWARE

Ihre Stärken liegen im spielerischen, interaktiven Zugang zum Lernen. Wenn Ihr Kind gerne mit dem Computer arbeitet/spielt, ist Lernsoftware eine gute Alternative oder Ergänzung zum Lernhilfebuch.

Eine gute Lernsoftware bietet:

- sachlich richtige Inhalte
- altersgerechte Darstellung
- aktuelles und dem Lehrplan entsprechendes Wissen
- Möglichkeiten, das Vorwissen abzufragen
- je nach Kenntnisstand differenzierte Übungen
- klar formulierte Lernziele
- unterschiedlich formuliertes, immer motivierendes Feedback
- verschiedene Medien (Text, Bild, Audio, Video, interaktive Elemente ...), die das Lernziel unterstützen anstatt davon abzulenken
- abwechslungsreiche Übungsformen
- Absicherung durch das Speichern von Übungsergebnissen

Ganz allgemein zeichnet sich gute Software durch folgende Qualitätsmerkmale aus:

- genaue Angabe der für den Betrieb notwendigen technischen Ausstattung (Hardware und Software)
- Booklet in der Verpackung mit Anleitung für Installation und Handhabe
- fehlerfreies Funktionieren (einfache Installationsroutine, keine Abstürze, keine Programmfehler)
- einfache Benutzerführung (= Navigation)
- eine ansprechende, nicht vom Wesentlichen ablenkende Gestaltung
- einen einheitlichen Aufbau, sodass das Navigieren nicht bei jeder Übung neu gelernt werden muss

Vor dem Kauf einen Blick in das Programm zu werfen und es selbst auszuprobieren, ist bei Software wesentlich. Auf den Websites der Hersteller gibt es häufig Demos zum Herunterladen oder Online-Ausprobieren, das ermöglicht Ihnen bequemes Testen von zu Hause aus. Oder Sie kaufen Software im entsprechend ausgestatteten Fachhandel und probieren sie im Geschäft aus.

(Ausführungen zur Lernsoftware von Gertrude Öllinger)

NACHHILFELEHRERiNNEN – PRIVAT

Wenn Sie daran denken, Ihrem Kind Nachhilfe durch eine Fachkraft geben zu lassen, überlegen Sie, welche Qualifikation sie haben muss und was sie eigentlich leisten soll.

Wenn es Ihnen nur darum geht, dass Ihr Kind die Hausübungen erledigt, bietet sich auch eine Hausübungsgruppe mit Klassenkameraden an, wo man sich wechselweise trifft und die Hausübungen gemeinsam erledigt.

Wenn Ihr Kind eigentlich schnell begreift und normalerweise keine Probleme mit dem Stoff hat, aber aufgrund besonderer äußerer Umstände Stoff nachholen muss, kann dies auch ein guter älterer Schüler/eine gute ältere Schülerin tun. Das kostet deutlich weniger als ein professioneller Nachhilfelehrer/eine professionelle Nachhilfelehrerin.

In allen anderen Fällen buchen Sie einen ausgebildeten Lehrer/eine ausgebildete Lehrerin. Er/sie muss

- methodisch geschult sein
- fachlich top sein
- menschlich top sein – „Ihr Kind kann gut mit ihm/ihr"
- Lücken analysieren und einen Lernplan erstellen
- lernpsychologisch geschult sein
- verlässlich sein – kein Stundenentfall
- eine Hotline anbieten
- Erfahrung im Nachhilfebereich haben
- Erfolge vorweisen können
- die Beratungsstunde kostenlos anbieten
- Einzelunterricht halten

Vereinbaren Sie zunächst nur eine Probestunde, damit Sie die „Chemie" zwischen Ihrem Kind und dem Nachhilfelehrer/der Nachhilfelehrerin testen können.
Wenn alle Kriterien passen, sollte der Preis zweitrangig sein. Gute, effiziente Nachhilfe dauert kürzer, sodass auch ein höherer Preis unterm Strich weniger Kosten verursacht.

NACHHILFEINSTITUTE

Sie arbeiten meist mit Lehramtsstudenten und -studentinnen und ihr Kind lernt in Kleingruppen zwischen 3 bis 8 Personen. Grundsätzlich müssen die im Nachhilfeinstitut unterrichtenden LehrerInnen dieselben Voraussetzungen erfüllen wie die privaten NachhilfelehrerInnen.

Die Vorteile gegenüber der privaten Einzelnachhilfe können sein:

- Billiger
- Lernen in Gruppen mit anderen Kindern
- Kein Stundenentfall

Die Nachteile gegenüber der privaten Einzelnachhilfe können sein:

- Zuwenig individuelles Training für Ihr Kind
- Inhomogene Lerngruppen
- Man muss sich für längere Zeit vertraglich verpflichten

Achten Sie beim Preisvergleich auf die Dauer der Unterrichtseinheiten. Eine Unterrichtseinheit kann zwischen 45 und 60 Minuten betragen!

Erkundigen Sie sich beim Gruppenunterricht nach der Anzahl und dem Alter der zu unterrichtenden SchülerInnen in der Gruppe. Je mehr SchülerInnen oder je unterschiedlicher das Alter der SchülerInnen in der Gruppe, desto schlechter ist der Lernerfolg.

Vereinbaren Sie Probestunden, bevor Ihr Kind längerfristige Kurse besucht.

Gespräche mit dem Lehrer/der Lehrerin

Grundsätzlich gilt: Das Gespräch zwischen Ihnen und dem Lehrer/der Lehrerin Ihres Kindes ist wichtig, besonders dann, wenn (Lern-)Schwierigkeiten vorhanden sind. Scheuen Sie nicht den Gang in die Schule, um sich aus erster Hand über die schulischen Leistungen Ihres Kindes zu informieren.

Wenn Sie mit einem Lehrer/einer Lehrerin ausführlich über Ihr Kind sprechen wollen, nützen Sie die Sprechstunde des Lehrers/der Lehrerin. Idealerweise vereinbaren Sie telefonisch oder über das Mitteilungsheft einen Termin in einer dieser Sprechstunden. Dadurch kann sich auch der Lehrer/die Lehrerin auf das Gespräch vorbereiten und das Risiko, dass er/sie trotz Sprechstunde verhindert ist, entfällt.

WIE BEREITEN SIE SICH AUF SO EIN GESPRÄCH VOR?

Sammeln Sie Informationen

Kopieren Sie die Schularbeiten und Tests; eventuell auch die Hausübungen, falls das Hausübungsheft immer wieder vom Lehrer/von der Lehrerin eingesammelt wird und nicht zur Verfügung steht. Kopieren Sie auch das Schulübungsheft.
Wenn Ihr Kind sich über das allgemeine Verhalten des Lehrers/der Lehrerin beklagt, sammeln Sie Beispiele dafür.
Je genauer Sie das Problem an Beispielen verdeutlichen können, umso effizienter können auch die Lösungen sein.

Mit Kind

Nehmen Sie zur Besprechung Ihr Kind mit. Schließlich ist es diejenige Person, um die sich das Gespräch dreht. So erfährt es auch unmittelbar, was besprochen wurde, und lernt, wie man Probleme besprechen und lösen kann. Sollte Ihr Kind nicht am Gespräch teilnehmen, informieren Sie es anschließend ausführlich über das Gespräch.

Wie verhalten Sie sich im Gespräch?

- Unterstellen Sie dem Lehrer/der Lehrerin nichts.
- Greifen Sie den Lehrer/die Lehrerin nicht persönlich an.
- Vorverurteilen Sie den Lehrer/die Lehrerin nicht.
- Kritisieren Sie nicht direkt das Verhalten des Lehrers/der Lehrerin, sondern beschreiben Sie die Auswirkungen auf Ihr Kind.
- Unterbrechen Sie den Lehrer/die Lehrerin, wenn Sie etwas nicht verstanden haben.
- Ersuchen Sie auch um eine Gesprächspause, falls Sie sich zu sehr aufregen oder das Gespräch für Sie neue Aspekte bringt.
- Zusammenfassend wiederholen Sie mit eigenen Worten, was der Lehrer/die Lehrerin im Gespräch gesagt hat.

Was sollte das Ergebnis des Gespräches sein?

- Drängen Sie darauf, dass einvernehmliche Maßnahmen festgelegt werden, die dazu beitragen sollen, das Problem Ihres Kindes zu lösen. Halten Sie diese Maßnahmen schriftlich fest. Auch Ihr Kind muss diese Maßnahmen gutheißen.
- Lassen Sie sich auf keinen Fall mit Ratschlägen abspeisen!
- Vereinbaren Sie auch gleich noch einen nächsten Gesprächstermin, bei dem hinterfragt werden muss, ob und wie die eingeleiteten Maßnahmen gewirkt haben.

ANHANG 1: FÜNF KOMPAKTLERNPAKETE

Ferien-Lernpaket

Hurra! Endlich Ferien! Zeugnis ist ok!
Damit steht dem wohlverdienten Abschalten von Schule, Lernen und LehrerInnen nichts mehr im Wege.

Damit du aber gut vorbereitet ins nächste Schuljahr durchstarten kannst, empfehlen wir dir ein lockeres Aufwärmtraining. Es sollte 2 bis 3 Wochen vor Schulbeginn beginnen.

Was solltest du in welchen Gegenständen wiederholen:

DEUTSCH

Es genügt, wenn du wieder „ins Schreiben" kommst.

- Verfasse pro Woche 1 bis 2 Aufsätze, wobei du die Textsorten des abgelaufenen Schuljahres verwenden könntest.
- Ergänze dein Schreibtraining durch 1 bis 2 Diktate pro Woche.
- Wiederhole und übe die Grammatik des abgelaufenen Schuljahres. Du kannst sie im alten Schulbuch oder in deinen Heften nachlesen.

ENGLISCH (LATEIN, FRANZÖSISCH)

Deine Wiederholungsschwerpunkte sind die Vokabeln und die Grammatik.

- Lern und schreib die Vokabeln des abgelaufenen Schuljahres inklusive unregelmäßiger Zeitwörter.
- Wiederhole und übe die Grammatik des abgelaufenen Schuljahres. Du kannst sie im alten Schulbuch oder in deinen Heften nachlesen.

MATHEMATIK

Es genügt, wenn du wieder „ins Rechnen" kommst.

- Wiederhole die Grundrechnungsarten, damit du deine Rechensicherheit zu Schulbeginn wiedererlangt hast.
- Wiederhole und übe die wichtigsten Kapitel des abgelaufenen Schuljahres. Du kannst sie im alten Schulbuch oder in deinen Heften nachlesen.

Auf der nächsten Seite findest du einen Wochen-Muster-Lernplaner für die letzten Ferienwochen. Auf Seite 101 befindet sich ein leerer Wochen-Lernplaner für deine individuelle Wochenplanung. Trage in deinem Jahreslernplaner auf Seite 39 dein eigenes Ferien-Lernpaket ein – idealerweise schon zu Ferienbeginn bzw. Schulschluss!

WOCHEN-LERNPLANER

1. WOCHE:							
	MO	DI	MI	DO	FR	SA	SO
8							
9	DEUTSCH-ERLEBN.A.	ENGL. VOK. 1–3!		MATHE: BRÜCHE!			
10			DEUTSCH DIKTAT…		ENGL. VOK. 4–7!		FERIENABSCHLUSSPARTY!!
11	MATHE: BRÜCHE!	MATHE: DIVISION		D-INHALTSANGABE…			
12			MATHE: ADDIEREN!				
13		–SCHWIMMEN!–					
14				RASENMÄHEN…	ENGL. VOK. 4–7!		
15			ENGL. VOK. 1–3!				
16							
17							
18							
19							
20			KINO MIT SANDRA ♥		DISCO!		
21							
22							

WOCHEN-LERNPLANER

	.... WOCHE:						
	MO	Di	Mi	DO	FR	SA	SO
8							
9							
10							
11							
12							
13							
14							
15							
16							
17							
18							
19							
20							
21							
22							

Schulstart-Lernpaket

Ein guter Start ins neue Schuljahr ist die Grundlage für ein erfolgreiches Schuljahr. Unter Schulstart verstehen wir den ca. sechswöchigen Zeitraum von Schulbeginn bis zu den ersten Schularbeiten und Tests. Diese beginnen meist Mitte Oktober, also etwa sechs Wochen nach Schulbeginn.

In den ersten 10 bis 14 Tagen wiederholen deine Lehrerinnen und Lehrer meist die wichtigsten Stoffgebiete des alten Schuljahres. Diese Aufwärmübungen hast du aber eigentlich schon absolviert (siehe Ferien-Lernpaket, Seite 99). Daher nützt du diese relativ „gemütliche Schulanfangsphase", um dein neues Schuljahr zu organisieren.

1. SCHULJAHRESPLANUNG

Mach dir eine Schuljahresplanung, in der du alle dir schon bekannten Termine (schulische und private) berücksichtigst. Ein Schülerkalender oder ein großes Schuljahresposter sind ideale Planer für solche Zwecke.

2. LERNUNTERLAGEN

Achte darauf, dass du in allen Gegenständen die erforderlichen neuen Hefte/Mappen sowie Schulbücher beisammen hast. Diese deine „Werkzeuge" je Fach müssen vollständig und top geführt sein. Jene Stoffgebiete des alten Schuljahres, auf die du immer wieder zurückgreifen musst, sollten als „Anhang" im neuen Heft/in der neuen Mappe abrufbereit sein. (Siehe dazu auch die Tipps zu „Heftführung, Seite 59.)

3. LERNSTRATEGIE

In der Schulstart-Phase sind die Stoffgebiete noch klein und wachsen sich erst allmählich zu größeren Brocken aus. Nütz diese Situation und melde dich sehr früh zu mündlichen (Stunden-)Wiederholungen und Prüfungen. Diese Strategie bietet dir 3 Vorteile:

Vorteil 1: Du schaffst dir einen „Polster" an guten Mitarbeitsnoten.

Vorteil 2: Deine Lehrer/deine Lehrerinnen bekommen einen sehr positiven Eindruck von dir.

Vorteil 3: Du musst nur kleinere Stoffgebiete lernen in einer Zeit, wo noch nicht so viel „los ist". Wenn es dann in die heiße Herbstphase geht mit vielen Schularbeiten, Tests, mündlichen Prüfungen usw., hast du einen Teil deiner mündlichen Prüfungen schon abgelegt und kannst dich in größerer Ruhe auf die nun kommenden schriftlichen Prüfungen vorbereiten.

2.-Semester-Lernpaket

Das 1. Semester ist nicht gut gelaufen? Einige „Genügend“ in der Schulnachricht zu Semesterende, möglicherweise auch „Nicht genügend“?

Wenn du nicht willst, dass das Zeugnis zu Schulschluss auch so aussieht, musst du etwas an deiner Lernsituation verändern. Aber was und wie?

1. ANALYSE

Zunächst musst du analysieren, warum es so schlecht gelaufen ist. Dazu lies dir die Schritte 2 „Lernorganisation zu Hause“, 3 „Lernorganisation in der Schule“ und 4 „Vorbereitung auf Prüfungen“ durch. Du wirst entdecken, dass du manches besser machen kannst.
Ändere daher deine Lernorganisation und deine Vorbereitung auf Prüfungen!

2. ZIELSETZUNGEN

Steck dir für das 2. Semester realistische Ziele, die du auch erreichen kannst, zB:

- Meine „Genügend“ will ich auf „Befriedigend“ verbessern
- Ich will ein positives Zeugnis schaffen
- Ich will kein „Genügend“ im Zeugnis haben

Ändere daher deine Erwartungen an dich selbst!

3. UMSETZUNG

Sie hat viel mit Planung zu tun und mit dem Erreichen von Teilzielen.
Auf Seite 38 findest du einen Lernplaner für das 2. Semester. Trag dort deine Ziele und Teilziele ein sowie deine Aktivitäten, damit du diese Ziele auch erreichst. Überleg, ob du es alleine schaffst oder Unterstützung brauchst (Freunde, Eltern, Nachhilfelehrer).
Es kann schon helfen, wenn du zusammen mit deinen Eltern jeweils am Ende einer Schulwoche besprichst, wie es gelaufen ist; ob du die festgelegten Ziel erreicht hast, ob du sozusagen im Plan liegst oder ob es Verzögerungen gibt. Eventuell muss der Semesterplan verändert/aktualisiert werden. Deine Endziele darfst du aber nicht aus den Augen verlieren. Die Wege dorthin schon.
Ändere daher dein Verhalten, arbeite von nun an zielorientiert!

Mir-steht-das-Wasser-bis-zum-Hals-Lernpaket

Nur noch wenige Wochen bis Schulschluss und dir droht ein oder sogar mehr als ein „Nicht genügend"?

Jetzt heißt es, den Lernturbo zünden, koste es, was es wolle. Wenn du dazu nicht bereit bist, kannst du das Paket schon wieder vergessen, aber das Schuljahr wahrscheinlich auch.

Deine Lernbereitschaft vorausgesetzt, braucht es eine perfekte Planung. Verwende den Wochen-Lernplaner von Seite 101. Trag den entscheidenden Schularbeits- oder Prüfungstermin ein. Wie viele Wochen bleiben dir noch?

PLANUNG

Plane nun jeden einzelnen Tag durch, auch die Wochenenden oder Feiertage. Trag das alles in den Lernplaner ein:

- Wann kannst du was wie lange lernen?
- Hast du alle notwendigen Lernunterlagen bezüglich Prüfungsstoff in Topqualität vollständig beisammen? Sollte dir etwas fehlen, bitte sehr gute MitschülerInnen, dir auszuhelfen.
- Schaffst du es allein?
- Kennst du dich aus oder brauchst du Nachhilfe?
- Wenn dir jemand helfen muss: Wann kann er/sie mit dir wie lange lernen?
- Was kannst du bis zur Schularbeit/Prüfung an notenfördernden Begleitmaßnahmen im Unterricht einbauen? Überlege, worauf dein Lehrer/deine Lehrerin Wert legt, zB:
  - Mitarbeit im Unterricht verbessern
  - Zusätzliche Hausübungen abgeben
  - Stundenwiederholungen freiwillig machen

PRÜFUNG

Lies dir dazu die für deine Prüfungssituation passenden Tipps ab Seite 70 durch.

Entscheidungsprüfungs-Lernpaket

Rechtlich eine heikle Angelegenheit, ist die sogenannte Entscheidungsprüfung nach wie vor in vielen Schulen Realität und deine letzte Chance, das Schuljahr doch noch positiv abzuschließen.

Meist bleibt dir kaum mehr als eine Woche Zeit zur Vorbereitung, und das Stoffgebiet ist in Relation zu dieser kurzen Vorbereitungszeit riesengroß. Schaffbar?

Einen Versuch ist es allemal wert, weil ein Verzicht auf diese Prüfung das „Nicht genügend" im Zeugnis bedeutet. Schlechter kann es daher nicht werden.

Ein weiterer Vorteil dieser Prüfung, auch wenn sie schiefgeht: Du kannst sie als Generalprobe für deine Wiederholungsprüfung im Herbst betrachten. Du weißt dann schon, wie dein Lehrer/deine Lehrerin bei einer größeren mündlichen Prüfung prüft, wie er/sie fragt etc.

PLANUNG

Schau dazu, was unter PLANUNG auf der linken Seite steht. Der einzige Unterschied besteht darin, dass du bedeutend weniger Vorbereitungszeit hast. Mach dir daher eine sehr detaillierte Tagesplanung für deine Nachmittage und Abende. Verabschiede dich für diesen Zeitraum von deinen Freunden und Freundinnen. Sie werden es aushalten (du auch), und wenn du mit einer positiven Entscheidungsprüfung deine Ferien „retten" kannst, wirst du dann umso mehr Zeit mit ihnen verbringen können. So viel zum Thema: „Wie motiviere ich mich für so ein Lernprogramm?"

PRÜFUNG

Siehe dazu Seite 76, „Mündliche Prüfungen erfolgreich bestehen".

RECHTLICHE SITUATION

Siehe dazu im Kapitel „Aus dem Schulrecht, Mündliche Prüfung", Seite 106.

ANHANG 2: AUS DEM SCHULRECHT

BENOTUNG

Bei der Festsetzung einer Note muss der Lehrer/die Lehrerin alle im Laufe des Schuljahres erbrachten mündlichen und schriftlichen Leistungen berücksichtigen. Nur die Ergebnisse der Schularbeiten heranzuziehen, ist unzulässig.

„Sehr gut" und **„Gut"**: Der Schüler/Die Schülerin hat über das *Wesentliche* („Gut") bzw. *weit über das Wesentliche* („Sehr gut") hinaus Leistungen erbracht.

„Befriedigend": Der Schüler/Die Schülerin hat den Anforderungen in den *wesentlichen Bereichen* entsprochen.

„Genügend": Der Schüler/Die Schülerin weist in den *wesentlichen Bereichen* Lücken auf. Er/Sie hat den Anforderungen nur *überwiegend* entsprochen.

„Nicht genügend": Der Schüler/Die Schülerin hat die Anforderungen *nicht einmal in den wesentlichen Bereichen überwiegend* erfüllt.

Was sind die sogenannten „wesentlichen Bereiche"? Der Lehrer/Die Lehrerin hat diese im Laufe des Unterrichtsjahres selbst zu definieren. Es ist jedenfalls nicht zulässig, erst nach einer Prüfung zu sagen, was wesentlich und was unwesentlich gewesen wäre.

MÜNDLICHE PRÜFUNG

- Ankündigung durch den Lehrer/die Lehrerin mindestens 2 Unterrichtstage vorher
- Dauer: Unterstufe max. 10 Minuten; Oberstufe max. 15 Minuten
- Mindestens 2 voneinander unabhängige Fragen
- Auf Fehler ist sofort hinzuweisen
- Verbot der Durchführung
  - wenn am gleichen Tag bereits eine Schularbeit oder 2 mündliche Prüfungen angesetzt sind
  - am Tag nach 3 oder mehr schulfreien Tagen oder nach mehrtägigen Schulveranstaltungen
- Die Note muss noch in derselben Stunde bekannt gegeben werden

ANHANG 2: AUS DEM SCHULRECHT

WUNSCHPRÜFUNG

Jeder Schüler/Jede Schülerin hat ein Recht auf eine Prüfung pro Semester. Die Anmeldung zur Prüfung hat so zeitgerecht zu erfolgen, dass die Durchführung der Prüfung möglich ist.

SCHULARBEITEN

- Bekanntgabe der Schularbeitstermine im ersten Semester innerhalb der ersten 4 Wochen, im zweiten Semester innerhalb der ersten beiden Wochen
- Bekanntgabe des Stoffes mindestens 1 Woche vorher
- Der Lehrstoff der letzten beiden Unterrichtsstunden darf nicht geprüft werden
- Verbot der Durchführung
  - am Tag nach 3 oder mehr schulfreien Tagen oder nach mehrtägigen Schulveranstaltungen
  - wenn am gleichen Tag mehr als eine Schularbeit stattfinden würde
  - wenn innerhalb einer Woche (nicht Kalenderwoche, sondern insgesamt 8 Tage) mehr als 2 (in BHS mehr als 3) Schularbeiten stattfinden würden
  - Schularbeiten ab der 5. Unterrichtsstunde (gilt nicht für BHS)
- Rückgabe spätestens nach einer Woche
- Wegen vorgetäuschter Leistungen ungültige Schularbeiten gelten als versäumt

NACHSCHULARBEITEN

Sie müssen stattfinden

- für einzelne Schüler/Schülerinnen, die mehr als die Hälfte der Schularbeiten im Semester versäumen
- für alle Schüler/Schülerinnen, wenn mehr als die Hälfte der Arbeiten mit „Nicht genügend" beurteilt wurde
- Der Stoff muss gleich bleiben, aber mit neuen Aufgaben
- Sie muss innerhalb von 2 Wochen nach der Rückgabe erfolgen
- Nur die bessere der beiden Noten zählt

ANHANG 2: AUS DEM SCHULRECHT

FRÜHWARNSYSTEM

Wenn die Leistungen des Schülers/der Schülerin aufgrund der bisher erbrachten Leistungen in einem Pflichtgegenstand zum Ende des 1. oder des 2. Semesters mit „Nicht genügend" zu beurteilen wären, ist dies den Erziehungsberechtigten unverzüglich mitzuteilen und dem Schüler/der Schülerin sowie den Erziehungsberechtigten vom Klassenvorstand oder von der unterrichtenden Lehrkraft Gelegenheit zu einem beratenden Gespräch zu geben.

Bei diesem Gespräch soll ein individuelles Förderkonzept erstellt werden. Dabei sollen beachtet werden:

- Lerndefizite
- Fördermöglichkeiten
- Leistungsnachweis
- individuelles Förderprofil

Achtung: Auch wenn eine Frühwarnung ausbleibt, kann der Schüler/die Schülerin noch immer mit „Nicht genügend" beurteilt werden.

AUFSTEIGEN MIT EINEM „NICHT GENÜGEND"

Grundsätzlich sind Schüler und Schülerinnen mit einem „Nicht genügend" nicht zum Aufsteigen in die nächste Klasse berechtigt. Ganz im Sinn seiner pädagogischen Ausrichtung sieht das Schulunterrichtsgesetz jedoch eine wichtige Ausnahme vor – für den Fall, dass der Schüler/die Schülerin nicht bereits im vorigen Jahr im gleichen Gegenstand ein „Nicht genügend" hatte und dieses Fach weiter im Lehrplan vorgesehen ist: Hier kann die Klassenkonferenz, in der alle Lehrer und Lehrerinnen dieser Klasse vertreten sind, beschließen, den Schüler/die Schülerin aufsteigen zu lassen. Voraussetzung für eine positive Entscheidung ist, dass die Leistungen in allen anderen Fächern so gut sind, dass der Schüler/die Schülerin aller Voraussicht nach im kommenden Jahr erfolgreich am Unterricht teilnehmen kann. Der Gesetzgeber geht davon aus, dass die Leistungsreserven eines Schülers/einer Schülerin begrenzt sind. Die Klassenlehrer und Klassenlehrerinnen müssen gemeinsam eine Prognose abgeben, ob ein Schüler/eine Schülerin die Lücken in einem mit „Nicht genügend" beurteilten Gegenstand bei fortschreitendem Unterricht im folgenden Schuljahr angesichts der Situation in den anderen Fächern wird aufholen können.

ANHANG 2: AUS DEM SCHULRECHT

BERUFUNG

Berufen kann man nicht gegen einzelne Noten, sondern nur gegen den sogenannten „Bescheid zum Nicht-Aufstieg". Aussichten für eine erfolgreiche Berufung sind dann gegeben, wenn Eltern darlegen können, dass sachfremde Gründe, zB disziplinäre Schwierigkeiten, bei der Benotung eine Rolle gespielt haben, die geforderten Kenntnisse aber sehr wohl vorhanden sind. Gegen den „Bescheid zum Nicht-Aufsteigen" könnte erfolgreich eingewendet werden, dass

- außergewöhnliche Belastungen des Kindes nicht berücksichtigt wurden, besonders, wenn gegen Ende des Schuljahres wieder eine steigende Tendenz erkennbar war;
- die fehlenden Kenntnisse im folgenden Jahr keine Rolle mehr spielen oder nicht grundlegend für das Verständnis des Lehrstoffs im kommenden Schuljahr sein werden.

Nicht erfolgreich sind meistens Berufungen, die sich auf einen Notenvergleich mit anderen Schülern und Schülerinnen beziehen.

Die Berufung (unbedingt mit Datum!) ist bei der Schule formlos einzubringen. In ihr wird zum Ausdruck gebracht, dass man gegen die Nichtberechtigung zum Aufsteigen in die nächste Klasse beruft und das „Nicht genügend" und/oder den Beschluss der Klassenkonferenz nicht für gerechtfertigt hält.

Der Direktor/Die Direktorin ist verpflichtet, sie an den zuständigen Landesschulrat weiterzuleiten. Die Berufung ist innerhalb von 5 Tagen nach mündlicher oder schriftlicher Zustellung des „Bescheides zum Nicht-Aufsteigen" möglich.

Der Landesschulrat überprüft anhand der Aufzeichnungen der Lehrkraft, ob die Note gerechtfertigt ist, und entscheidet danach über die Berufung. Reichen die vorgelegten Unterlagen nicht aus, kann der Landesschulrat eine kommissionelle Prüfung ansetzen. Der gesamte Jahresstoff kann Gegenstand einer solchen Prüfung sein.

WIEDERHOLUNGSPRÜFUNG

Eine Wiederholungsprüfung darf der Schüler/die Schülerin in einem oder zwei Pflichtgegenständen ablegen, wenn er/sie im Jahreszeugnis ein „Nicht genügend" hat. Wenn der Schüler/die Schülerin mit einem „Nicht genügend" zum Aufsteigen berechtigt ist, darf er/sie dennoch zur Wiederholungsprüfung antreten. Schafft er/sie diese nicht, darf er/sie dennoch aufsteigen.

Die Prüfung besteht aus einer schriftlichen und mündlichen Prüfung (mit BeisitzerIn) und umfasst den Jahresstoff. Die neu festzusetzende Jahresbeurteilung kann höchstens „Befriedigend" lauten.

Nützliche Internet-Adressen

Speziell für SchülerInnen	
www.aks.at	Aktion kritischer Schülerinnen und Schüler; österreichische Schülerorganisation
www.fundus.org	Kostenlose Referatebörse
www.geo.de/GEOlino	Wissensmagazin für SchülerInnen; Ableger des GEO-Heftes
www.hausaufgaben-server.com	Hausübungen, Referate, Lerntipps; kostenpflichtig
www.leo.org	Online-Wörterbücher für Englisch, Französisch, Spanisch
www.nationalgeographic.de/kinder	Spannende Sachthemen; gutes Training zur Verbesserung des englischen Wortschatzes
www.referate.de	Rechercheportal für SchülerInnen; Hausaufgaben, Referate, Unterrichtsmaterialien
www.schuelerunion.at	Österreichische Schülerunion; Schülerorganisation
www.wikipedia.de	Online-Lexikon
Speziell für Eltern	
www.autenrieths.de/links/linklpro.htm	Linksammlung zu Lernsoftware und deren Bewertungen
www.elternforum.at	Informations- und Kommunikationsplattform für Eltern
www.elternverband.at	Dachverband der Elternvereine an den Höheren und Mittleren Schulen Wiens
www.elternverein.at	Dachverband der Elternvereine an öffentlichen Pflichtschulen in Österreich
www.elternweb.at	Ratgeber für Eltern in allen Lebensbereichen
www.nachhilfe.at	Überblick über Nachhilfeinstitute und Privatnachhilfe
www.schulpsychologie.at	Bildungsberatung, Beratung zu schulpsychologischen Themen; kostenlose Broschüren
Für SchülerInnen, Eltern, LehrerInnen	
www.bildung.at	Österreichisches Bildungsportal; Links zu allen Fragen von Schule, Unterricht und Bildung
www.bildungsserver.de	Deutscher Bildungsserver; Links zu allen Fragen von Schule, Unterricht und Bildung
www.bmbwk.gv.at	Webseite des österreichischen Unterrichtsministeriums
www.learnabit.com	Community-Portal zum Thema E-Learning; viele Foren, Downloads und Weblinks
www.lernen-mit-spass.ch	Kostenlose Online-Übungen für alle Gegenstände
www.lern-online.net	Kostenlose Online-Lernübungen
www.schule.at	Österreichisches Bildungsportal mit Schwerpunkt Schule
www.schulweb.de	Fördert Kontakte zwischen Schulen in Deutschland, Europa und weltweit; eine interaktive Community
www.zum.de	Zentrale für Unterrichtsmedien im Internet – bietet Foren für SchülerInnen/LehrerInnen sowie Materialien für alle Fächer + Linklisten